大魚讀品
BIG FISH BOOKS

让日常阅读成为砍向我们内心冰封大海的斧头。

90后来了

正在成为
中坚力量的一代

[韩]林洪泽（임홍택）——著
叶蕾蕾——译

中国友谊出版公司

"学生们正在改变,我也在和他们一起改变吗?"
这是贴在我研究室书桌上的一句话,我每天都这样问自己。
年青一代需要的不是安慰,而是真正的理解和支持。

—— 韩国科学技术院信息传媒研究生院院长
郑在民

谨以此书献给我最珍贵的朋友、深爱的妻子——智慧，以及心爱的两个女儿智雅、智妍。

目录

写在前面　他们为什么想当"九级公务员" _01

第一部　90后的出现

01　眼前的新世界

没有了电动扶梯,只有玻璃楼梯 _002

10名韩国待业青年中,便有4名是"公试族" _003

想当九级公务员的90后 _006

当今社会,人人自顾不暇 _010

新世袭制的出现,文科生的就业现实 _014

长大后想当公务员的小孩与准备公务员考试的高中生 _016

02　90后是怎样的一代人

"82年生的金智英"是X世代吗 _021

X世代:韩国70后的象征 _024

出生于20世纪80年代:千禧一代的开始 _025

同为千禧一代,80后和90后一样吗 _027

中国以10年为单位划分世代 _029

80后的时代过去了,90后的时代来临了 _032

他们也想当公务员吗 _033

如何看待新生代 _036

从乳臭未干的臭小子身上能学到什么 _038

01

03　90后的第一个特征：简单

90后的语言 —— 全方位使用缩略语 _041

90后隐语的特征和类型 _046

"过分省略"的后果 _048

新的通信语言：表情符号和动态图 _050

"滚压过大，请压缩为三行。" _051

手机改变了90后的生活 _053

失去阅读功能的大脑 _054

"App 一族"时代，向非线性思考转变 _056

微型小说的出现 _058

App 一族的时代，纸质书籍会消亡吗 _060

04　90后的第二个特征：有趣

"起承转傻""沙雕文化"的出现 _064

朴俊亨，通过《拔草男》重获事业第二春 _065

90后必备技能：玩梗 _068

现实世界中的"沙雕文化" _070

马斯洛 —— 自我实现是人的基本需要 _072

通过游戏进行自我实现的90后 _073

05　90后的第三个特征：诚实

公务员考试流行的另一个原因 _076

90后对"学综"深恶痛绝的原因 _077

信任的体系化 _079

抓住真实的瞬间 _081

求职者评价面试官的时代 _084

面试分数透明的时代已来临 _085

"正义杠精"和"职业杠精" _086

注释 _089

第二部　当90后成为职场下属

01　90后，他们来了

面对90后，企业束手无策 _096

权力已经从企业手中转移到个人身上 _097

中国的马云："要相信年轻人！" _098

各国企业家：企业的未来取决于年青一代 _100

政府引导年轻人到中小企业就业 _102

逃离"老大说了算"的组织 _108

拒绝"老大"法则 _112

02　90后人才的特征

反诘：为什么"忠诚"的对象必须是集体 _113

工作与生活的平衡：想要"有夜晚的生活" _115

大声呼吁"工作与生活平衡"的一代 _117

发达国家三四十年前便开始实施"工作与生活平衡计划" _118

黯然收场的韩国WLB运动 _120

不要再用"闪退"这个词了 _121

关于休年假，几代人的不同态度 _123

我们也需要疗养年 _126

我不喜欢"做给别人看" _128

形式主义导致的时间浪费 _130

梦想在他处 _132

03　新的时代，新的雇佣体系

2018 年的"一周 52 小时工作制" _135

实行"一周 52 小时工作制"以后 _136

如何引导 90 后合理利用闲暇时间 _138

一周可能只工作 4 天吗 _139

1930 年的家乐氏 —— 一天 6 小时工作制 _140

乌托邦时代的每周 4 天工作制 _143

21 世纪的雇佣方式将产生何种变化 _145

新的世代，新的雇佣方式 _149

04　新时代的员工管理应该以何种方式进行

富士康为何跳楼事故频发 _154

高压手段对今天的年轻人已经行不通 _155

不是掺和，而是参与 _158

"参与"带来的满足感 _159

棉花糖实验陷阱 _162

不要只会说"要学会忍耐" _163

工作可以是快乐的吗 _166

如何让工作变得有趣 _168

别阻止跳槽，去帮助他们 _172

注释 _174

第三部　当90后成为消费主力军

01　90后引导的消费革命

"好坑"的诞生与反击 _178

"聪明的消费者"与"愚蠢的消费者" _180

刺激消费与抵制消费 _182

消费过程轻松"不费劲"才是硬道理 _186

家庭便利食品畅销的背后 _188

不喜欢给客服中心打电话 _191

"连接"的权利 _194

90后为什么不去电影院看电影 _197

02　90后改变的消费版图

南阳乳业，因骂人风波和强卖事件声名大损 _200

龙山电子商街的没落 _202

戴森在韩"高价策略"宣告失败 _204

现代汽车因对韩国国内市场进行逆向歧视受到舆论指责 _205

麦当劳怎样做才能不挨骂 _206

"氮气零食"带来的启示 _208

引领啤酒市场新变化 _210

"微型酒屋"的出现 _213

海外直购的兴起及因此面临危机的行业 _214

温水煮青蛙 —— 拒当"好坑" _217

03 如何俘获90后消费者的心

商品名称要简短 _219

化繁为简技术的发展 _221

年轻人爱看YouTube的另一个原因 _225

让他们投入时间的唯一秘诀 —— 有趣! _227

真诚的产品和服务才有长久的生命力 _229

他们总是想方设法屏蔽广告 _232

04 如何进一步理解90后

小米带给我们的成功启示 _235

VOC韩国变迁史 _237

如何捕捉90后的VOC _240

不可靠的消费者调查 _241

一种新的市场调查方式 —— 观察调查 _243

观察新生代的两种方式 _249

注释 _252

结束语 成功的路上我们需要同行者 _255
参考书目 _259

写在前面
他们为什么想当"九级公务员"

在韩国,准备公务员考试的所谓"公试生"的人数每年都在增加。根据2017年现代经济研究院发布的《公务员考试产生的经济影响的分析与启示》,韩国的公试生人数从2011年的约18.5万人增加到2016年的约25.7万人,增幅约为38.9%。但是,2016年公务员考试的最终合格率仅有1.8%。也就是说,在100名考生中,最终合格的大约只有2人。那么剩下的98人呢?答案很简单——继续准备第二年的公务员考试。

公试生人数的大幅增加意味着巨大的社会浪费。现代经济研究院曾分析:"公试生的大规模增加带来的经济损失每年已超17万亿韩元。"根据分析,因公试生而造成的生产效益损失高达15.4441万亿韩元,减少的消费支出是1.6989万亿韩元。当然,在这个节点上我们应该深入探讨的不是数字统计结果或对待公务员考试的态度,而是这个国家的年轻人千军万马考公务员的真正原因。

本书的主人公是那些热衷于九级公务员①考试的20世纪90年代出生的90后韩国青年。那么，被称为"九级公务员一代"的90后和老一代有什么不同？他们的想法有何独特之处？我们应该以怎样的眼光看待他们？探清这些问题是我撰写本书的初衷所在。

"老大"说了算的社会

名牌大学毕业的林某（1992年生）在鹭梁津②吃着方便食品，正在准备公务员考试。选择公务员之路是受比自己年长两岁的哥哥的影响。三年前，哥哥克服就业的重重困难，进入韩国首屈一指的一家大企业的营销组工作，但一年后便辞职了。虽然身边的人都羡慕哥哥能进大企业工作，但日复一日的加班让哥哥身心疲惫，公司上命下从的文化也让他深感失望。最后，哥哥提交了辞呈，然后直接去了鹭梁津。一年后，他成了首尔市的一名九级公务员。但身边的亲戚和长辈们却都感慨："啧啧，从名牌大学毕业，最后当一个区区九级公务员？"

专科大学网页设计专业毕业的崔某（1994年生）满怀憧憬地去了一家电商公司工作，因为来之前她听说，在这里可以学到很多东西。工资低她可以接受，但最让她感到困扰的是公司的人际关系。上班第一天，她对一项工作提出了自己的意见，结果上司直接对她用了非敬语："你懂什么？！"而且上司动辄指责她业务能力不强，经常

---

① 韩国的公务员分为一到九级，其中一级最高，九级最低。本书中注释编号格式为①②③……的均为脚注，注释编号格式为 1、2、3……的均为尾注。脚注为译者注，尾注为原注。
② 位于韩国首尔，以遍地鳞次栉比的"考试学院"而闻名。

要求她晚上加班就算了，有时周末还要去加班。半年后，崔某辞掉了现有工作，跳槽去了同行业的另一家公司，可那里也一样，加班是家常便饭，还时常受到领导的各种刁难。最后，她决定开始准备公务员考试。

准备九级公务员考试的林某和崔某的故事中，有一个共同点，就是都出现了所谓的"老大"（꼰대）。林某身边的老大不负责任地发表着自己的意见："你从名牌大学毕业，为的就是当一个九级公务员吗？"崔某身边的老大则对她不停打压："你懂什么？！"

韩语中的"꼰대"一词在字典中的释义是用来指称"老人"，或学生们用来暗指"老师"的一种隐语。但是作家 Ager 在 2017 年出版的《关于老大》（꼰대의 발견）一书中指出，如今的"꼰대"一词已经超越了特定性别和代际的界限，可用来指称一切"认为自己的身份或地位比别人高、自己的想法永远都是对的、经常指责他人、要求对方无条件服从自己"的那类人。

"老大"们往往根据自己过去的经验，恣意判断现在的情况。在他们眼里，现在准备九级公务员考试的年轻人不过是还没战胜困难便提前缴械投降的既没有韧劲，又缺乏魄力，只喜欢轻松工作的一代人。

90 后小时候在学校里没少跟"老大"打交道，踏入社会以后，又会在职场中遇到新的"老大"。本书力求探清的问题便是，为了在"老大说了算的社会"上立足，90 后采取了何种战略，而我们的社会又应当以何种姿态迎接和面对 90 后一代。

长江后浪推前浪

史蒂夫·乔布斯在 2005 年斯坦福大学毕业典礼上的发言是世界最著名的演讲之一。其中，给人留下深刻印象的是这样一句话——"Stay Hungry, Stay Foolish"（保持饥饿，保持愚蠢）。据说他的许多追随者都把这句话当成人生信条，但这句话其实并不是乔布斯本人的原创，而是他小时候读过的斯图尔特·布兰德（Stewart Brand）的《全球概览》(*The Whole Earth Catalog*)[①]中的句子。还有，在 2005 年斯坦福大学的毕业演说中更让我印象深刻的是下面的话。

"此时此刻，你们是崭新的一代。但在不久的将来，你们都会成为老一代，然后从这个世界消失。如果你认为我的话太过分了，那我很抱歉。但，这是无可争辩的事实。"

史蒂夫·乔布斯不仅具备了解市场、引领潮流的卓越能力，而且比任何人都最先认识到新生代的重要性。像我这一代人，虽然眼下还自觉年轻，但总也会有老去的一天，到时候，后面的年轻人会代替我们。哪一天发生并不重要，重要的是，要承认自己可能已经过时的事实，并自然地迎接新生代，寻找两代人的共存之路。

林洪泽
2018 年 10 月

[①]《全球概览》是斯图尔特·布兰德在 1968 年至 1972 年每年出版几次的美国反主流文化杂志和产品目录。

第一部
90后的出现

01　眼前的新世界

没有了电动扶梯，只有玻璃楼梯

1960 年以后，韩国的经济增长率远远高出了世界平均水平，实现了高速发展。这样的大环境为人们提供了更易于步入和融入社会的外部条件。当时，只要能成为现代、三星、大宇、LG 这类大企业的普通职员，便等于从此踏上了职场坦途。随着工作年限的增长，个人可以顺着组织内部架构的梯子逐步晋升。普通职员的位子通常都留给那些新入职的朝气蓬勃的大学生，这样便形成了一种良性循环结构。

这一过程有点像不停自动上升的电动扶梯。踏上这部扶梯，只要不出意外，便可以逐渐升往更高的位置，并随之享受更高级别的权限和稳定性。一般来说，年满 55 岁以后便可以从扶梯上退下来，同时把之前占据的高级管理岗位留给后辈中级管理层。最后，你完全可以享受公司和政府提供的退休金，安享晚年。

但是，1997年的外汇危机①成为一个分水岭，自动运行的电动扶梯断掉了电源，猝不及防被留在停止运行的扶梯上的人们，只能靠着自己的力量爬到终点。更要命的是，他们的脚下不再有电动扶梯，而是变成了玻璃楼梯，没有扶手，且随时可能断裂。直至今天，仍有许多人不断掉入它的窟窿，或者被推到两边，然后摔下去，非常可怕！但是，除了抬头迎着目标更努力地往上跑外，别无他法。

10名韩国待业青年中，便有4名是"公试族"

"最近的大学生们不太愿意参加对就业没有帮助的社团活动。大家都很忙，参加社团活动可能会带来一些负担吧。虽然我刚入学的时候也有这种氛围，但是现在好像越来越严重了。那些被大家认为对就业毫无帮助的社团现在已经很难维持下去了。"

在首尔某私立大学见到的一位社团会长向我这样抱怨道。其实，这是我上大学时参加过的魔术社团，会长的话让我深受触动。自2000年年初的那几年，随着李恩杰、崔贤宇等魔术师崭露头角，大学里兴起了一股"魔术热"，那时魔术社团还是最有人气的社团之一。据这位会长介绍，最近大学生们大都对社团不感兴趣，很多人比较排斥社团活动。目前，只有那些对就业有帮助的学术社团或各种备赛社

---

① 1997年7月，一场巨大的金融风暴打破了亚洲经济急速发展的景象，被席卷进去的泰国、新加坡、日本和韩国等国的货币大幅贬值，亚洲大部分股市大幅下跌，许多大型企业倒闭，工人失业，社会经济萧条。韩国是受此金融风暴波及最严重的国家。

团、对创业有直接帮助的创业社团勉强维持着运转，因为大部分大学生一入学便要投入所谓的"就业战争"中去。

后来，我开始去一些大学的图书馆阅览室或校园周边的咖啡店观察大学生们。我观察的第一个方面，是他们对话中的语言习惯和行动方式；第二个方面，是他们对哪些事物感兴趣，都在学些什么。

令人意外的是，大学图书馆里根本找不到座位。以前只有到了考试周才会出现一座难寻的情况，但现在，即使在平时也很难在图书馆找到空位。更令人惊讶的是，大部分学生不是在学专业知识、外语或考证，而是在看跟国家公务员考试有关的书籍。

"我现在处于二年级的第二学期。学完专业课以后，空闲时间我一般都在看跟公务员考试有关的书。下个学期我打算休学，然后去鹭梁津正式备考。"

首尔H大英文系的金某（1993年生）是一名正在备考的公试族。她准备考税务公务员，最终目标是七级公务员，但是她说，即使考上了九级也会毫不犹豫地去工作。

我问她从前最想做什么工作，她说："以前梦想着能成为三星电子之类国内大企业的营销人员。"但姐姐的经历让她改变了自己的想法。姐姐比她大5岁，曾是韩国一家化学领域大企业的办公室文员，入职后的两年中，几乎天天加班加点，最后姐姐辞职做了首尔地方雇佣劳动厅的一名九级公务员。姐姐告诉她，在大企业里很难撑满五年，所以她最终也决定和姐姐做同样的选择。

2018年6月，统计厅发布的《2018年5月就业动向》显示，整体失业人数为112.1万人，整体失业率为4.0%，但青年（15～29岁）失业率高达10.5%，为2000年以来的最高值。更令人惊讶的是，10名待业青年中便有4人是像金某一样的公试族。2016年5月，统计厅发布的《经济活动人口调查青年人群附加调查结果》显示，在65.2万待业青年中，准备普通公务员考试的人数为25.7万，占整体人数的40%左右。

另外，公务员考试的参加人数每年都在增加。2013年7月举行的九级公务员录用考试笔试报名人数为204698人，首次突破了20万大关。2017年的国家公务员九级录用考试报名人数高达228368人，创历史新高。比起2011年的142732人，以及2012年的157150人，可谓飞速增长。但实际上，公务员考试的合格率只有1.8%。以2016年为例，大约28.9万人报名考试，但最终只有6000人合格，其余的28.3万人全部落榜。没有通过1.8%的独木桥的其他98.2%的人只能继续准备下一届考试。只准备两次的话还算是幸运的，因为在公试生大军里，准备三考、四考的人比比皆是。即使现实如此惨烈，公务员的热度也分毫不减。听说最近鹭梁津的公务员考试培训班前面已经排起了两列队伍。一列是为了到班里占个听课的好座位；另一列则是为了来培训班报名学习。2017年，文在寅政府执政以后发布了扩招公务员的消息，于是，"这是成为公务员的最后也是最好的机会"的说法在90后年轻人中不胫而走，这也在某种程度上加剧了公务员考试的流行。

根据 2014 年女性家族部与统计厅联合发表的《2014 青少年统计》显示，1990 年以后出生的青少年（当时为 16～25 岁）最青睐的就业单位是"国家机关"（公务员）。在全体调查对象中，高达 28.6% 的人认为国家机关是最理想的就业单位，之后依次是大企业（22.1%）和国有企业（15.4%）。写作当下的 2018 年，距离调查时间已经过去四年了，当时"想当公务员"的 16 岁的青少年（1999 年生）现在已经 20 岁了。韩国现在二十几岁的年青一代俨然成了想当九级公务员的"九级公务员一代"。那么，造成这种认识的根源在哪里呢？

想当九级公务员的 90 后

韩国的 70 后经历了外汇危机时期的裁员潮，职业生涯也因此遭到了致命打击，目睹了这一切的 80 后被迫走上了"自我提升"之路。现实生活中，社会和企业的藩篱已经消失，能够相信的只有自己，每个人都需要为了提升自身的竞争力而不断努力。托业（国际交流英语考试）是必考的，五大就业技能[①]是必备的，"自我提升"成为社会流行语。当然，对于 80 后来说，自我提升是建立在稳定的职业生涯的基础之上的。虽说有"四五停"[②]（45 岁退休）和"五六盗"[③]（56 岁还不退休无异于强盗）这样的说法，但不管怎样，步入职场后至少都能

[①] 指外语进修、竞赛得奖、实习经验、志愿者活动，以及各种资格证。
[②] 韩语中，"四五停"与"沙悟净"谐音。
[③] 韩语中，"五六盗"与"五六岛"（位于韩国釜山的岛屿）谐音。

维持一段时间内的平稳。

可是，2008年爆发的世界性的金融危机打破了这种稳定。和1997年的外汇危机不同，企业内的结构优化调整开始打破一定的壁垒。从前的结构调整一般仅限于高薪阶层和中间管理层，但2008年金融危机以后出现的结构调整涉及企业所有人员。在这种形势之下，仅靠自我提升已经不能为个人带来最大限度的保障了。

表1　各代际人群特征

人群	70后	80后	90后
含义	受到1997年外汇危机致命打击的一代	受到2008年全球性金融危机影响的一代	希望成为九级公务员的一代
入职方式	公开招聘为主	公开招聘＋个人履历	个人履历为主
结构优化调整方式	临时性结构优化调整（中间管理层以上）	随时结构优化调整（包括普通职员在内的全体人员）	经常性结构优化调整，正式员工可能被淘汰为临时工

目睹了处于随时结构调整中的80后的恐惧，90后开始思考，未来做出何种选择才是最明智的？首先，要从频繁的结构调整的恐怖中解脱出来，最大限度地减少将来的不确定性，即必须让人生的机会成本降至最低。如此，最终的答案便是将目标锁定为排资论辈、保障退休年龄的国有企业或公务员。

在一些问卷调查中，新生代的这一趋利避害的未来选择方式已经初见端倪。首先，"选择未来职业时最看重的要素"已经发生了变化。根据女性家族部发布的《2017青少年综合调查结果》显示，全国5086个家庭9～24岁的7676位青少年的"未来前途和职业观"

已经发生了明显的变化。

根据2008年起实施的《青少年价值观调查》显示，13～18岁的青少年在选择职业时，最先考虑的一直是"能力"或"特长"。抛开"能力"和"特长"，青少年在选择未来职业时最看重的一点便是"经济收入"。而本次调查中，更多的青少年回答的是"职业稳定性"。2012年的《青少年价值观调查》中，把"稳定性"排在第一位的青少年（初、高中生）只占5.5%，而到了2017年，这一比例上升到了13.6%。相反，2012年将"经济收入"排在第一位的青少年占14%，而在本次调查中，这一比例下降到了9.8%。[1]

> "我觉得工资的高低并不是最重要的，最重要的应该是能拿工资的年限长短。我已经听那些在大企业工作的前辈说过无数次，'哪怕挤破头，只求更长久'。与其去私企面对朝不保夕的危机，不如选择公务员这座独木桥，毕竟这是个铁饭碗。"
>
> ——连续两年准备九级公务员考试的金某（1992年生）

金某听到太多刚进大企业工作不久的前辈说过，"一份工作，能长久地做下去是最理想的"，于是放弃了从前梦想着去大企业做营销人员的打算。她说，梦想虽然很诱人，但如果只是昙花一现，那还不如不要开始。

长久以来，"临时工"俨然已经成为各种违反《劳动法》规定的特殊用工形式的代名词。在全体用工人员中，高达46%的比例为非正式员工已经成为普遍情况。目前产业界流行的做法是"只雇用，不负责"，即雇用你来工作，但不承担雇佣责任。如此，90后的待业青年就业时把稳定性看得最重便不难理解了，而相对稳定的公务员或国有企业的职位便顺理成章地成了最受90后青睐的工作。

另外，根据最近的一项调查显示，由于公务员的退休年龄有法定保障，终身收入很高，所以，和很多人想的不一样，公务员的累计收入并不比大企业的员工低。据韩国经济研究院调查，在校期间便通过公务员考试者，退休时拿到的累计收入可能会比私企就业者多出3亿3605万韩元至7亿8058万韩元。调查还显示，公务员工资涨幅为年均7%左右，高于大企业就业者的6.2%，而公务员的退休年龄平均为56～59岁，也高于大企业就业者的平均年龄52岁。[2] 现在的公务员早已不是"待遇虽不够丰厚，毕竟长久"，而是"待遇既丰厚，又能做得长久"。

最重要的是，公务员不需要担心结构调整的问题。自1953年以来，韩国政府从未进行过公务员结构调整。在这一点上，政府可以说是最好的模范雇主了。作为一名公务员，只要不犯特别严重的过错，基本上不用担心失去工作。能从这种恐惧中解放出来，在现代社会最起码意味着有了一个铁饭碗。

"不管公务员养老金制度如何改革，我都会继续走这条路。公务员本来就不发退职金，退休后只能靠养老金生活，现在政府又要改革养老金制度，挺让人无语的。不过不管政策怎么变，我还是会继续备考。"

——公试生金某

到目前为止，公试族认为公务员工作稳定的原因之一就在于公务员养老金。当然，公务员养老金比普通国民养老金更早出现了赤字问题，且政府需要填补的赤字缺口越来越大，这是不争的事实。在这种形势下，历届政府提议的公务员养老金改革终于在2016年得以通过。养老金制度改革后，公务员养老金缴纳率从14%（本人负担7%）上调至18%（本人负担9%），支付率从1.9%下调至1.7%。同缴纳率9%（本人负担4.5%）、支付率1%的普通国民养老金相比，这意味着公务员养老金的收益率已经失去了优势。另外，之前的公务员养老金和国民养老金还有一点不同，那就是公务员养老金不涉及所得再分配的问题，而2016年通过的改革案中采取了所得再分配措施。不过，正如之前金某在采访中所说，大多数公试族都不会因为这个问题而放弃公务员考试。

当今社会，人人自顾不暇

1997年的外汇危机导致断电停止运行的电动扶梯，以及后来出现的玻璃楼梯上，所有人从此与"安逸"二字绝缘，取而代之的是无尽的焦虑和压力。在这样一个人人自危的年代，谁还有能力分神额外照顾年轻人呢？

在与波兰社会学家齐格蒙特·鲍曼（Zygmunt Bauman）的谈话中，意大利出版社编辑里卡多·马泽奥（Riccardo Mazzeo）使用了"恐童"（Paedophobia）一词。[3] 与其说"恐童"一词表达的是对年轻人的恐惧，不如说是在个人生存困难的情况下，社会已无暇顾及他们。同样是在这次谈话中，鲍曼指出，大家对年轻人的这种恐惧

"将成为年青一代被视为某种社会负担的开始"。生活已经如此不易，人们非常警戒和回避与自身无关的负担和责任。就这样，我们的社会渐渐对年轻人收起了所有的温情。

在这种环境中，比起青年一代的个人成长或长远利益，企业自然更注重自身的眼前利益，企业的一切行为都只对有利于自身短期利益的目标负责。它们时刻紧张着，忧心忡忡，生怕速度稍微慢一点，就会落后于竞争对手。慢慢地，企业被磨尽了耐心，也就不会轻易对任何人发善心。

理查德·桑内特（Richard Sennett）在他的著作《新资本主义的文化》中提到了"不耐烦的资本"（Impatient Capital），即寻求短线回报而非长期经营业绩的资本。据某项调查资料显示，美国养老基金的平均持股时间从 1965 年的 46 个月大幅减少到 2000 年的 3.8 个月。资本追逐更快的速度和更高的收益，使得企业组织的特性也出现了改变。决策迟缓、效率低下的企业已经很难适应这种资本变化，只有充满活力、反应快速的企业才能更好地生存下去。以 20 世纪 60 年代美国汽车产业的情况为例，管理层的决策传达到汽车销售现场，过去需要平均 5 个月的时间，但最近只需要两周左右。

这种紧张已经波及大学。例如，一些大学的半导体专业实现了订单式培养，企业向学校订购自身所需的人才，学校则根据要求培养符合要求的各类人才。学校的步履越来越匆忙，已经很难再为学生提供考虑未来、摸索等时间。不耐烦的资本和企业期待的是可以立刻投入工作现场的即时战略。因此，如果学校不能为企业提供其所需的人才，企业就只能聘用那些有工作经验者。在这样的大环境下，已经很少有人会重谈"大学已沦落为就业学院"的论调。

2008年，中央大学和斗山集团联手合作，实现结构调整的同时还新开设了"会计与社会"课程。学校规定，所有专业的学生毕业的先决条件之一是必修会计学。对此，首尔大学的张德镇（音）教授曾强烈指责："学生们为什么要掏钱去学只有企业里才需要的学问？"在他看来，如今的大学"一心只顾培养符合企业价值的人才，而不是具有学问价值的人才"。

不过，当时的理事长朴容晟（音）认为，"不管是文科生还是理科生，大学毕业步入社会后最先面临的就是资金周转问题"，因此他强调，"将会计学设为大学必修课是出于对学生未来长远打算的适时考虑"。虽说大部分学生的就业领域均与企业相关，但显然学校对所有学生采用了相同的就业政策。这说明，企业家的意见和倾向已经影响了大学的就业政策制定。[4] 另外，大学毕业生失业人数的持续增加也促使大学渐渐沦为"职业养成所"。根据《2015年青少年统计》显示，2014年青少年（9～24岁）中有48.6%的人回答，大学教育的主要目的是为了"拥有好的职业"；36%的人认为是"自身能力和素质的提升"；认为是"完善人格和个人修养"的仅占1.8%。

企业要求新员工有工作经验也是出于同样的原因。大学一毕业，年轻人就要千军万马挤上就业的独木桥。但糟糕的是，即使顺利找到工作，也有可能长期无法得到提拔晋升，甚至无法转正。另外，假如在60岁以前退休，如果不想亲身经历"全球最高老人贫困率"，还要为重新进入就业市场而努力。而公司内部的在职人员则持续经历着晋升难、转正难等一系列难题。

这样一来，曾经的就业体系开始瓦解，企业里从前实行的员工培训也随之消失。现在，已经很少有企业愿意为员工提供人际沟通与交流培训或学习技术知识的教育培训了。相反，公司期待新入职员工可以立刻投入工作，或者在短短几周内便熟悉业务，迅速进入快节奏的工作状态。

因此，企业在选拔新人时，最看重的恰恰是工作经历。就业门户网站 Job Korea 以 592 名企业招聘负责人为对象进行了问卷调查（多项选择），结果显示：57.8% 的负责人将应聘者的工作经历列为决定简历筛选成败的重要因素。[5] 此外，企业比较看重的其他方面还包括自我介绍（27.7%）、专业（26.0%）、学历（25.8%）、资格证（22.8%）、外语分数（15.4%）、毕业学校（14.9%）、个人作品集（12.8%）、学分（11.7%）等。一些正在准备就业的年轻人对此非常不满："看重工作经历的话，应该招聘有工作经验的人，为什么要招聘新人呢？"韩国的 90 后当中曾流行过"工作经验的莫比乌斯环"的说法，即"自嘲因为没有工作经验所以不能就业，而无法就业就不可能获得工作经验"。[6]

随着企业开始要求新员工有工作经验，一些人放弃了在现有公司的工作经历，重新以新人身份求职，这就是所谓的"工作经验下降"现象，即越来越多的中小企业或中坚企业的员工由于现有工作难以为继，利用自己有工作经验的优势重新参加一些大企业的新员工招聘。也就是说，他们先在中小企业或中坚企业积累工作经验，然后踩着"工作经验的梯子",艰难地取得大企业的通行证。这不但进一步助长了人们希望一就业便能进入大企业工作的社会氛围,也加剧了大企业入职扎堆的同时失业率上升,同时已就业人员的工作经验贬值的现象。

新世袭制的出现,文科生的就业现实

要求有工作经验还不是唯一的问题。从前就有"文九论"的说法,意思是90%的文科毕业生都赋闲在家。现在又流行起了"文歉"和"理幸"说,意思分别来自"对不起,我是文科生"和"幸好我是理科生"的说法。

据教育部2017年12月发表的《2016年高等教育机关毕业生健康保险DB[①]连接就业统计》显示,文科毕业生的就业率为57.6%,比工科的71.6%低14个百分点。虽说文科生就业难的问题不是一天两天的事了,但不可否认的是,这一问题已经越发严重。

从最近对韩国企业人事负责人的采访调查结果来看,招聘新员工时企业更偏爱理工生的现象已更加明显。就业门户网站incruit于2018年7月16日到8月13日,对571家上市公司的人事负责人进行的电话问卷调查结果显示,企业最愿意录用的专业中,工科类专业以53.6%位居第一,其后依次为人文专业(20.2%)、经贸类专业(15.2%)、医药专业(4.5%)、自然科学(3.3%)、教育专业(1.4%)、社会专业(0.9%)、艺术或体育专业(0.9%)。值得注意

---

① DB连接即数据库连接。

的是，工科类专业的偏好率较前年的 45% 增加了 8.6 个百分点，已过半数。[7]

相关调查负责人预计，日后，理工科人才偏好现象将进一步加剧。他表示，"在长期的经济停滞中，国内主要大企业瞄准了半导体和显示器为代表的电力、电子以及新再生能源领域，在技术和人力开发部门进行了持续投资""自然而然地，相关领域的就业岗位也会增加，而且第四次产业革命即将到来，今后对这方面人才的需求会很大"。在这种形势下，大学生中出现了"新世袭制"的说法，意思是就业率决定身份等级，文科生是平民，而理科生是贵族。其中"电、化、机"（电气工程、化学工程、机械工程）专业生被称为"王族"。

渐渐地，文科生就业难的现象积重难返，已经有人公然宣称："文科生想就业，必须辅修工学。"实际上，10 多年前我在大学主修数学时，当时理工科就业确实更容易一些，但并非所有的文科生就业都成问题。当时一般认为经营学专业更容易就业，因此很多大学生辅修了经营学。但是，看现在的趋势，经营学专业的学生也开始辅修自然科学或工程专业。

实际上，韩国企业之所以不得不大量招聘理工科毕业生，是和韩国以制造业为基础的产业结构分不开的，目前堪称韩国代表性企业的三星电子和现代汽车正是扎根于理工领域。针对这种现象，首尔某大学的人才开发中心负责人表示："很多企业采用的都是越往上层人越少的金字塔形结构，而理工科领域很容易减少管理者人数。"为了解决这种供需不均衡的问题，已经不断有意见指出，大学应该根据韩国产业结构方向将文科和理科的招生名额进行相应调整。但是，也有人批评，大学不是为了企业的人力生产而存在的地方。另外，所谓的大学结构调整在短期内也很难施行。

长大后想当公务员的小孩与准备公务员考试的高中生[①]

以前，孩子们长大后都想当科学家。是从什么时候开始，孩子们的梦想发生了变化呢？我们的生活需要偶像，但更需要科学家。把科学还给孩子们吧！

——现代摩比斯诺贝尔项目广告

我出生于1982年，是上过国民学校[②]的最后一代人。虽说早已记不清当时是出于什么样的考虑，但在当时一项关于未来理想的问卷调查中，我果断地选择了"科学家"。就像上面的广告语中所说的那样，以前，大多数小学生都希望将来能当一名科学家。那么，2012年广告播出时小学生们的理想是什么呢？

2012年，SBS电视台在播出的《代际共鸣1亿知识问答》节目中进行了一次关于人生理想的问卷调查，调查结果显示，最受欢迎的未来职业是公务员。本次问卷的调查对象是全国1000名小学生，调查结果显示，想当公务员的人数占42.5%，艺人占38.8%，运动员

[①] 韩国的公务员考试不限制年龄和学历，因此吸引了大批高中生报考。
[②] "国民学校"是朝鲜半岛日据时期对小学的叫法，意为"皇国臣民学校"。为彻底清除日本帝国主义殖民统治残余，1996年3月1日起，韩国将"国民学校"正式更名为"初等学校"（초등학교）。

占10.6%，其他占8.1%。

在其他调查中也出现了类似的结果。2013年，庆南小学生家庭生活及学校生活问卷调查显示，921名调查对象中，未来希望成为教师或公务员的学生达到了29.3%。其次分别为艺术家16.9%、艺人12.5%、政治家7.8%，运动员、医生、厨师、科学家、律师、飞行员、电竞选手、法律界人士、务农等其他职业总体占33.4%。

小学生们升入初中和高中以后，人生理想会发生改变吗？答案是否定的。2016年，JTBC电视台以首尔市的830名小学、初中、高中生为对象进行了"青少年人生理想"调查，结果显示高中生梦想的职业第一位仍然是公务员（22.6%）。新变化仅仅在于排名第二的位置上出现了房地产业主和租赁业主（16.1%）的新业种。

小学生对未来理想的想法改变直接导致大学升学率出现了变化。2016年韩国高中生的大学升学率为69.8%，首次跌破了70%。与2008年的84%相比，下降了大概14个百分点。

一度以世界最高水平著称的韩国大学升学率下降的一个重要原因就在于高昂的大学学费。以2016年为例，20多岁人群的平均家庭负债额约为2400万韩元。[8] 持续走低的就业率也是导致大学升学率下降的另一个重要原因。由于学费问题，很多大学生一毕业就要欠下巨额债务，而毕业后又无法找到工作，在这种形势下很多人只能另辟蹊径，开始备考公务员。既然最终目标是九级公务员，那么就没有必要在大学里浪费好几年的时间和金钱。

就这样，早早便开始准备公务员考试的高中生的数量猛增，网

络上甚至出现了"公等族"（공딩족）这样的流行语，意思是准备公务员考试的高中生及复读生。[9]可以说，2013年新发布的九级公务员考试修订对"公等族"的激增起到了催化剂的作用。原本是必考科目的行政法总论和行政学概论变成了选考科目，而高中阶段的社会、科学、数学等加入了选考科目，考试科目与高中课程的重复科目增多，使高中生准备九级公务员考试变得更具优势。

包括儿童在内的青少年的未来理想可以真实地反映当代社会风貌，他们是在大人们架构的世界框架中向着最合理、最理想的目标前进的。本身也是一名作家的文裕锡法官说过，"变化的不是世代，而是时代"。这表明，每个人都是在特定的条件下追求幸福的存在，现在的年轻人也在低增长时代本能地寻找生存战略和幸福战略。[10]如同地球上所有生命体一样，人类也在为了生存而适应环境，并为此不断做出最佳选择。从某种意义上来说，只要做出的选择是适应时代变化的，那就是合理的。

02　90后是怎样的一代人

所谓的"世代"（세대）是由时间、群体、社会结构等综合因素共同作用而形成的。一般来说，根据使用者和语境的不同它可以有多重内涵。代际问题研究专家口中的"世代"大致有以下四种含义：第一，随着时间的推移，同步成长的同一时期出生的群体；第二，用于表示家族继承关系时的群体单位，如"父母一代"和"子女一代"；第三，指处于人生周期中某一阶段的一群人，如"青少年一代"或"大学生一代"；第四，有着特定历史经验的一群人的总称，如"战后一代"和"4·19一代"等。

本书使用的"世代"概念属于第一种，即同一时期出生的群体。同龄人都出生于同一时期，在成长过程中经历了相似的人生历程。比如，在实施中学义务教育的韩国，大部分人8岁升入小学，14岁升入初中，之后还将进入包括大学在内的高等教育机构，经历升学、就业、结婚、生育、退休等人生阶段。但是，仅靠这种"人生过程的制度化"[11]还不足以赋予一代人"共同的身份认同感"。

成为相同世代所必需的条件之一就是"相同的经历",而这种经历是通过以国家为单位的制度变化或大型事件获得的。例如,1987年通过民主抗争的直选制改宪等政治变化,以及1997年发生的外汇危机等经济变化就属于这类情况。这类大型事件在改变社会的同时,也对特定世代的人产生了很大的影响。当同龄人群因这些大型事件和社会变化而出现特定的思维、情感、行动时,他们就具备了成为拥有同样意识的一代人的条件。[12]然后还会出现"区别于前后辈群体"的同世代集体效应或同龄群体效应(Cohort Effect)。同龄群体在社会、文化、历史等方面有着相似的经历,因此在价值观、人生观、教育水平和文明程度等方面存在着很多相似之处。重要的是,年轻时期的经历一旦铭刻在脑海中,即使经历了时间变化,也很难磨灭。所以,同一时期出生的人在某些历史事件的同一阶段,以相似的方式经历的可能性很高。一代人共同的历史、文化经验是形成有别于他人的及这一代人特有的思考方式或行为类型的基础。

本书基于上述的世代划分方式,讲述出生于20世纪90年代的一代人的故事,但它与世代论(generation theory)无关。以"386世代①""88万韩元世代②"为代表的世代论,字面意义是强调不同代

---

① 在韩国,60后有一个家喻户晓的代号叫"386世代"。其中"3"是指这一代人在当时30多岁,"8"是指在20世纪80年代上大学,"6"是指在20世纪60年代出生。
② 1997年外汇危机过后,韩国社会就业机会不断减少,结果是大部分年轻人加入了临时工大军,每个月只有88万韩元(约合人民币5200元)的工资收入,仅能维持最基本的生活需求。经济学家把这一代人称为"88万韩元世代"。

群的不同社会性格，以求反映社会历史变化或寻找社会发展原动力的理论，其前提是为实现民主化和近代化等未来理想而付出的努力或贡献。[13] 但是，现在的90后并不认为自己是社会发展的原动力，也没有感觉到实现特定理想的必要性，他们只是为了生存而努力适应着当今时代。我们需要了解的是90后共同拥有怎样的经历，并借此来了解他们选择了怎样的生存战略。尤其是和经历了1997年外汇危机的70后，以及2008年经历了全球金融危机的80后进行对比之后，答案会非常明显。

"82年生的金智英"是X世代吗

2012年，我被选为集团的指导前辈对新职员进行入职培训。休息时间聊天时，一位新职员问我："林洪泽先生，您是X世代吗？"听到这个问题，周围的人都咯咯笑了起来，因为大家都觉得对于X世代来说，我的年龄未免有些大。不过，真正让我有些发蒙的是其他原因。在那之前，我一直认为X世代意味着对新潮流最敏感的新生代。"1982年出生的我属于X世代吗？那么，和我同岁的'82年生的金智英'呢？"想到这里，我有些混乱。

"X世代"是20世纪90年代中期指称当时20多岁一代的最常用的名词。当时最能代表他们的是BP机、随身听、《灌篮高手》等，电视剧《请回答1994》中七封（刘延锡饰）的一帮朋友、2012年上映的电影《建筑学概论》中的主人公和大明白（曹政奭饰）等荧屏形象最能代表他们。"X世代"一度代表着当时的新新人类，但现在已经成了怀旧的代名词。

但是，对于"究竟哪个年龄段属于X世代"的问题，恐怕很难找到正确的答案。假如大家身边有可以被称为X世代的朋友，不妨问一下他们。如果问一下和我一样出生在1980年前后的朋友："你属于X世代吗？"大部分人无法立即做出回答，而是会陷入思考。他们无法立即对此做出回答的第一个原因是，没有想过X世代的明确界限；第二个原因则是，"X世代"一词是韩国国内企业为了营销从国外引进的名称。

X世代的说法是加拿大作家道格拉斯·库普兰德（Douglas Coupland）创作于1991年的小说《X一代》（Generation X）发表后流行起来的。小说《X一代》讲述了20世纪60年代出生的3名年轻人的故事。他们丧失了生活希望、找不到前进方向，为了摆脱故乡郁闷单调的生活，来到加利福尼亚的沙漠，剪断所有羁绊，日夜讨论挫折和烦恼等人生问题。

这部小说在当时出版后并未受到太多关注，后来对它产生兴趣的是一家美国企业。当时美国的市场营销负责人和广告制作者们发现婴儿潮（baby boom）以后，现有的销售战略已经行不通，便开始研究新对策。而当务之急是找到一个合适的名词来称呼这一不易形容又难以捉摸的群体。正当他们绞尽脑汁渴望找到这样一个称呼的时候，小说《X一代》进入了他们的视野。很快，媒体便开始借用这一表述来称呼新生代。X世代成了用以指称非常难以被定义的这一代的最佳名称，而字母X正可以传递出有别于老一辈的、难以被轻易定义的含义。这和当年X光的命名方式一致——1895年，威廉·康拉德·伦琴发现了一种新放射线，并将其命名为X光（X-ray）。其中的"X"

也代表着无法了解的意思。

美国对 X 世代的出生时期范围也有多种定义,但通常是指根据人口统计学的划分,在第二次世界大战以后出生的婴儿潮一代(1946—1964 年出生)之后,1965 年至 1976 年出生的一代人。[14] X 世代不拘泥于旧观念框架,表现出自由思考、随心所欲的特性,因此常常被比喻为不知会跳到哪里去的橄榄球。另外,X 世代也指以自我为中心,对消费敏感,能够使用电脑和网络的年纪偏大的那部分人。

在美国,"二战"后出生的婴儿潮一代是在上班族丈夫和全职主妇的家庭模式中成长起来的,而 X 世代大多由双职工夫妇抚养长大。因此,X 世代也被称为"钥匙一代"(Key Generation),意思是指父母在公司工作期间,自己从学校走回家里,并用钥匙开门后走进无人的家里的孩子们。在相对稳定的家庭环境中成长的婴儿潮一代重视家庭和家人,而 X 世代中有近 50% 的孩子是在离婚或分居的父母身边长大的,他们对家庭具有憧憬和反抗的双重心理。另外,婴儿潮一代经历了越南战争等历史大事件,大多数人拥有相同的价值观和人生信念,而 X 世代则整体缺乏这类共识,比起社会性问题,他们更关注个体生活的意义。与婴儿潮一代梦想可以成真的所谓"美国梦"不同,X 世代开始出现较高的失业率和较低的经济自立性,因此 X 世代在职业观上也与老一代有着很大的差异。

最重要的是,与老一代相比,X 世代对职场的归属感和忠诚度较低,一般不会长期待在一个工作单位。这是因为,当时美国经济持续低迷,在过去 20 多年里,企业为节省成本而大规模裁员,而他们就是在这种环境中成长起来的。由于就业市场的不稳定,他们不再期待对工作的忠诚会给自己带来回报,也不会轻易承诺在一个公司长期工作。可以说,X世代对职场的信任缺乏来自对现实的合理应对,这表明他们逐渐适应了企业单方面违约的职场风气。[15] 这种现象与韩国90后的处境非常相似。

另外,X世代对企业产品广告的不信任感较强,是一群充满戒备的消费者。他们不相信"有了它,就能过上梦一般的生活"之类的糖衣炮弹,而是更倾向于"消费者需要认真判断"这样的观点。因此,之前以象征性的广告形象压倒市场的万宝路香烟因陷入销售危机,一度只能将价格降至一半出售。这种滞销现象同时也出现在可口可乐等日常消费品市场,这是代群变化引起消费市场出现巨大变化的例证。

X世代:韩国70后的象征

1993年11月,太平洋化学(现爱茉莉太平洋公司)推出的男性化妆品"Amore Twin X"的广告首次在韩国使用了"X世代"一词。虽说最近在时尚和美容方面不吝啬于对自己投资的整饰族[①] 男性渐渐成为主流,但直到20世纪90年代初,韩国还没有针对年轻男性的化妆品。Twin X的产品名称巧妙地运用了美国的X世代叫法,达到了宣传这是为年轻男性准备的产品的目的。同时,公司邀请演员李秉宪和歌手金元俊为化妆品做代言人,并打造了"我是谁""我是X世代"等广告语。

据说当时由于该广告过于前卫,在广告试映会上,公司所有高层

---

① 指十分重视时装、美容、皮肤护理,并对自己的外貌积极进行投资管理的男士们。

都保持了沉默。后来，公司又召集了数十名二十五六岁到 30 岁出头的年轻职员观看广告，结果他们的反应也一样。但是，刚刚 20 岁出头的年轻职员表现出的反应却与其他人不太一样。简单概括的话，就是"虽然不清楚是什么，但感觉好像还不错"。太平洋化学相信了这句话，大胆地进行了一次冒险，结果获得了巨大的成功。[16]

由于 X 世代的叫法是以这种方式在韩国传播开的，所以很多人怀疑这一称呼是否真的有必要存在。反对方认为，X 世代只是产品销售中使用的广告用语而已，除此之外，什么都不是。而另一些人则认为，这样的广告"不是原因而是结果"，X 世代并非虚构或人为创造出来的，而是自发产生或自然形成的一个代群。现在来看，当时的韩国是否真正存在 X 世代并不重要。重要的是，现在的人们已将 X 世代视为 20 世纪 90 年代怀旧的象征，并将其视为韩国代群名称中颇具代表性的名称之一。

总之，韩国的 X 世代是 20 世纪 90 年代风靡一时的新生代，他们成长于相对优越的经济环境中，对政治不感兴趣，重视个体的个性。从年龄上来看，他们在代表 60 后的"386"一代之后出现，年龄范围大致和 70 后一致。与其用"后 386"之类的模糊定义来界定这个 70 后代群，不如说他们是 90 年代风靡一时的新生代。

出生于 20 世纪 80 年代：千禧一代的开始

在世界范围内，称呼 20 世纪 80 年代以后出生的人的最广为人知的词当属"千禧一代"（Millennial Generation）。"千禧一代"

一词最早出现于1991年，巧合的是，它与小说《X一代》的发表年份相同。1991年，人口统计学家尼尔·豪（Neil Howe）和威廉·斯特劳斯（William Strauss）在《世代》（*Generations*）一书中首次使用了"千禧"（Millennial）一词；2000年，随着《千禧一代的崛起》（*Millennials Rising*）的出版发行，"千禧一代"一词逐渐流行起来。

书中还指出，千禧一代不似上一代那样具有反抗精神，但想法更为实际，比起个人价值更重视集体价值，比起权利更重视义务，比起感情更重视名誉，比起口头更重视行动。因此，比起美国职业棒球大联盟，他们更喜欢滑板比赛；比起甲壳虫乐队，他们更喜欢辣妹合唱团；比起可口可乐，他们更喜欢激浪饮料；比起参与政治，他们更愿把志愿服务视为美德。[17]

千禧一代在美国之所以格外受到关注，原因在于他们父母那一代就是婴儿潮一代。由于是婴儿潮一代的子女，他们也被称作"回声潮（Echo）世代"。"婴儿潮一代"掀起的出生率回声意味着这一代的人数也很多。此时，为什么这个数字很重要？原因很简单，因为他们是具有强大消费力量的人群。2016年，美国千禧一代共有9300万人，比婴儿潮一代的7400万人还要多。[18] 根据白宫的分析，2013年千禧一代已经占据了美国人口的1/3，预计到2025年将占美国人口的75%。

对1980年以后出生的新生代人群的叫法中，还有一个是"Y世代"。"Y世代"一词最早出现在美国杂志《广告时代》1993年8月的社论中。但是，由于该词的出现最初仅仅是为了和X世代进行区分，再加上后来又出现了"千禧一代"的说法，因而最终淡出了人们的视野。据美国媒体布鲁斯·霍洛维茨（Bruce Horovitz）透露，最早使用"Y世代"一词的杂志也在2012年承认，"千禧一代"的称呼优于"Y世代"，因此他们放弃了"Y世代"一词。如前面所说，"X世代"中的"X"代表着未知数，但将下一代命名为"Y"是没有道理的。同样的原因，用来指称1995年以后出生人群的"Z世代"的叫法也受到了人们的排斥。

同为千禧一代，80后和90后一样吗

在美国，"千禧一代"通常是指1980年到2000年出生的人。和X世代一样，千禧一代出生年份的定义也不明确，而且不同团体给出的定义都存在差异，这导致美国相关统计和营销领域一直处于混乱状态，无法达成统一。首次提出"千禧一代"说法的尼尔·豪和威廉·斯特劳斯把千禧一代定义为1982年至2004年出生的群体，而从20世纪70年代中期开始研究X世代之后代群的美国保险公司大都会（MetLife）则将其定义为出生于1977年至1995年的群体。[19] 2018年，皮尤研究中心（Pew Research Center）将千禧一代定义为1981年至1996年出生的群体。之所以将1996年作为千禧一代的下限，研究中心给出的理由是，这些人在2001年为6～20岁，对"9·11"恐怖袭击有记忆，并且熟悉网络、移动设备、社交媒体迅速发展的新环境。[20]

如上所述，关于千禧一代的出生时间范围有很多定义，但需要强调的一点是，20世纪80年代和90年代出生的两个群体很难合二

为一、一视同仁。这是因为，两个代群之间存在着很大的差异。而最根本的原因就在于快速发展的IT技术。出生于1983年的美国作家朱丽叶·拉菲多斯（Juliet Lapidos）在2015年发表于《纽约时报》上的文章中说，"和那些二十几岁的年轻人不一样，我并非真正意义上的数码一代"，"我在19岁之前没有手机"。在这篇文章中，朱丽叶还讲述了自己与熟悉智能手机等数码设备的90后年轻人之间的不同之处。[21]

《i世代报告》（iGen）的作者、世代研究专家珍·特温格（Jean Twenge）也一样。虽然将千禧一代定义为1980年至1994年出生的，但她认为："虽然他们属于同一代人，但严格来说，出生年份相差10年左右的人所经历的文化是不同的。" 20世纪80年代和90年代出生的人即使被归于同一世代中，彼此也存在很大不同。她把20世纪80年代初期出生的人称为"老千禧一代"，把90年代出生的人称为"新千禧一代"。

到目前为止，韩国国内一般将80代群和90代群合在一起论事。当然，韩国的80后和90后有一个共同点，那就是与其他年龄段的群体相比，两者的出生率均出现大幅下降。这一点和美国千禧一代截然不同。因为美国的千禧一代是在原有数字基础之上成长为强有力的消费阶层的，韩国却并非如此。一般来说，维持人口正常更替需要考虑的指标就是总和生育率。发达国家维持世代交替所必需的人口替代率大致为2.1。2010年以前，美国一直保持在2.05左右，而韩国在1983年达到了2.06，之后便一次都没有超过2.0。

出现这种现象的原因就在于限制生育政策。韩国在"6·25"战争①结束后的1955年总和生育率曾达到6.33；1970年的总和生育率为4.53，这意味着一个家庭平均生育了4名以上的子女。之后政府采取了强有力的抑制生育政策，生育政策口号从"只生两个，好好养大"，变为"不管男女，只生一个"，最后又变成了"每家只生一个，三千里江山仍然太拥挤"。1981年韩国通过了抑制人口增加综合政策，1985年根据子女数分等级征收居民税和医疗保险费。不知是不是政府政策导向的结果。目前，韩国在经济合作与发展组织成员国中生育率最低。为此，政府目前又开始积极推进奖励生育政策。1970年以后，韩国的出生率持续下降，1984年总和生育率首次下降到2以下（1.74）。20世纪80年代出生的人们通常还拥有两个以上的兄弟姐妹，但到90年代情况已经发生了改变。这就无法满足构成强有力消费群体的千禧一代的基本条件。

因此，没有必要生搬硬套美国的代际划分标准。更何况，80后和90后除了出生率低这一点相同，没有其他的共同点。尤其是在2008年全球金融危机之后出现的就业率变化，使80后和90后的境遇差异更加明显。本书以10年为单位划分世代的原因也在于此。

中国以10年为单位划分世代

在中国，"世代"意味着同一时期出生的群体，中国围绕代际关系进行了深入研究。中国人通常采用"×零后"的说法，以10年为单位划分年龄段。2000年以后，韩国国内媒体报道中经常提到的

---

① 我国一般称为朝鲜战争。

"바링허우"（80后）和"쥬링허우"（90后）指的就是20世纪80年代和90年代出生的人。这种区分既是人口统计学的划分方式，考虑到各个时期的不同意义，它也是文化和社会的。

一般认为，"×零后"的叫法最早是从20世纪50年代出生的50后开始的，70后的时候这种叫法已经基本固定下来。70后是受压抑的人性本能复活后成长起来的一代，他们继承了父母一代重视教育的热情和渴望发财致富的基因。随着高校招生增加，高学历者日益增多，留学潮也开始了，去日韩、欧美留学的人数迅速增加。[22]

×零后的名称中，韩国人最熟悉的应该是80后。80后指的是中国政府于1979年推行独生子女生育计划后，20世纪80年代出生的一代人。这代人通常被称为"小皇帝"，由于国家施行改革开放和计划生育政策，他们成为家中的独生子、独生女，在丰裕的物质环境和父母的溺爱下长大。他们成长于市场经济蓬勃发展的时期，虽然物质条件优越，但由于目睹了父辈们的艰辛，所以思维方式既保守又开放。他们热衷品牌，对网络的依赖度很高，容易冲动消费。这代人20多岁的时候正逢2008年举办北京奥运会和世博会，因此民族自豪感非常强。他们当中出国留学者急速增加，对工作的热情远超上一代。

80后之所以受到空前关注，首先是因为这是一个人口规模庞大的群体。中国第六次人口普查结果显示，当时中国的80后约2.28亿人。有人甚至这样说过，如果不了解这群潜在的消费者并抓牢他们，就打消在中国做生意的念头吧。波士顿咨询集团发表的报告曾预测，以80后为基础的中国新兴富有阶层到2020年将达到2.8亿人，购买力也将达到 3.1 万亿美元，占全世界消费总额的 5%。波士顿咨询合伙人吕晃也预测："到 2020 年，他们的购买力将大致等于日本消费总额，是韩国的三倍。"[23]

中国的 80 后和韩国的 80 后有一定的相似之处。一是两国都是出生率首次降至 1 以下。当然，中国的独生子女政策和韩国的生育率抑制运动不同，但结果都是生育率降至了 1 以下。实际上，1980 年以后韩国的独生子女家庭也很普遍，因为这样可以把资源集中到一个孩子身上。二是两者都表现出较强的个人主义和高消费倾向。两个国家的 80 后受教育的水平都远比父母一代高，愿意积极接受外来文化，不同于老一代，他们有自己独特的个性。三是消费习惯相似。如果说 70 后奉行的是勤俭节约、量入为出的消费观，那么大部分是家中独生子女的 80 后更喜欢张扬个性，喜欢什么就一定要买回来，这种心理有时会导致过度消费。把月薪全部花在购买名牌上，没钱了就只能靠父母接济零用钱生活的所谓"月光族"便是典型代表。韩国虽然没有与这个意思完全相同的新造词，却有"积少成少"的自嘲式新造成语，还出现了"我挥霍，我快乐"之类的流行语。2010 年前后日益成为消费主力的 80 后已经表现出比老一代更加强烈的消费倾向。

生存环境越来越艰难也是两个国家的 80 后面临的共同问题。在他们开始上大学的 21 世纪初期，大学学费上涨，加上住房价格等物价上涨，结婚和生育问题变得越来越不容易。在韩国有放弃恋爱、结婚、生育的"三抛族"和"N 抛族"。中国则流行起了意为"什么都没有"的"裸"，比如，大学生因各种原因没拿到毕业证和学业证而直接进入社会时，就叫"裸毕"。

80后的时代过去了，90后的时代来临了

2013年，我去了同事的派驻地北京休暑假，当时我已经听说过80后一代，于是我问，80后作为消费主体的实际情况如何？同事的回答让我吃了一惊。他说："你想，80后现在在干什么？和我们一样啊。许多人已经结婚生子了，现在中国企业最关注的是90后啦！"

根据中国第六次人口普查，中国国内的90后人口约有1.74亿，是80后人口数量（约2.28亿）的76%，也是中国国内第二大规模的人口群。根据2014年美国知名互联网统计公司ComScore发布的中国90后网络行为调查报告，在中国有劳动能力的人口（15~60岁）中，90后所占的比重为29.5%，高出世界平均水平约2.8%。这意味着90后也是一个具有巨大消费潜力的消费群体。根据2015年11月中国投资论坛的分析，预计到2020年之前，1985年至1995年出生的一代的消费总额将占中国整体消费额的35%左右。[24]

中国的90后与韩国的90后一样，熟悉数码设备的使用，善于利用网络获取信息。因此在中国，他们经常被称为"鼠标一代"。另外，两国的90后都追求时髦，喜欢新鲜事物，具有追求个性、渴望与众不同的求异心理。他们喜欢在社交媒体上展现自己，有时甚至会因此引发争议。"郭美美事件"就是90后炫耀欲的代表性事例。当时，20岁的郭美美在"中国版推特"——新浪微博上传了自己拥有的别墅、名牌包以及豪车等，引发了巨大的网络争议。[25]

尤其需要注意的是，与成为"PC一代"的80后不同，被称为"移动一代"的90后已在移动通信市场上崭露头角。中国门户网站360发布的问卷调查结果显示，76.4%的90后使用过电子结算系统

支付宝。其中25%的人至少使用过一次手机付款，34.4%的人每月使用1～3次手机付款。[26] 同时，随着移动设备网上购物的流行，已经出现了针对90后的新型商业模式，营销方式也从以前的以电视广告为中心的传统广告方式变为利用移动媒体进行网络营销。现在，80后已经步入不惑之年，90后也进入而立之年，成为网上购物的主要消费者。这也是韩国的80后和90后之间的主要差异。鉴于此，中国以10年为单位的世代划分方式在韩国也非常值得借鉴推广。

他们也想当公务员吗

那么，中国的90后是否也和韩国的90后一样，把拥有铁饭碗的公务员视为最梦寐以求的职业呢？简而言之，公务员考试本身热度不减，但中国的90后对公务员并不狂热。

国家公务员考试在中国被称为"国考"，在每年11月的第四个星期日举行。这是选拔中央政府和政府直属机关新公务员的国家级考试。首先，各机关部门向主管国家考试的人力资源部上报需要招聘的职位和人数，人力资源部综合各方情况后，会在网上发布招考公告。然后考生针对自己的目标职位进行考试申请，通过资格审核后便可参加考试。省、直辖市等地方政府的公务员考试和国考时间不同，一般每年4月通过地方考试选拔公务员。

2018年国考报名截止后，共有156万多人报名，其中138.3万人通过资格审核，比2017年的报名通过者多出4.5万多名，创下了历史最高纪录，平均竞争率为49∶1。国考历年的报名人数为——2010年144万名，2013年150万名，2014年152万名，2015年

140.9万名，2016年139.4万名，整体呈下降趋势，但2017年再增至148.6万人。

中国的国考热在很大程度上源于每年大学毕业生多达750万人的现实情况。在北京、上海等大城市，找一份好工作并不容易，因此年轻人开始偏爱稳定的工作。自2015年起，公务员的人气似乎有所下降，但从2017年开始，报考人数再次增多。[27]

但是在中国，即使公务员是备受青睐的工作岗位，也很少有人像韩国那样留在考试大军里埋头准备二考，甚至三考。究其原因，可以概括为以下三方面：第一，国考从难度上来看并没有难到需要二考或三考的程度；第二，即使通过了国考，接下来还要参加各部门要求的考试；第三，工资比公务员高的工作比比皆是。

最重要的是，中国国考由客观题"行政职业能力测验"和主观题"申论"组成。因为考察的是履行公职人员的基本素养和必备知识，所以只要自己准备一年左右，或在培训班多做考前冲刺，是可以通过的。问题是，即使通过国考还要参加相应部门组织的二次考试，才能最终成为公务员。比如，报考外交部的应试者需要再参加英语和未来工作地区的语言考试，还要经过论述和职业面试等程序。国家发改委、商务部、财政部、公安部等热门部门的竞争率已超过500∶1，这些部门也是在国考结束后再组织其他考试选拔新人。这跟韩国的高级公务员资格考试时，各部门都要组织相应的行政考试[①]、技术考

---

① 即行政高等考试，五级公务员录用考试之一，用于聘用公安职、行政职公务员。

试[①]、外务考试[②]等是一样的。

一位在中国外交部工作了 10 年的公务员告诉我："比起经过多次考试才考上来的公务员，部门里更喜欢大学刚毕业的新人。所以，很多人一旦落榜就会直接转移目标。有能力的学生还是更喜欢私企的。"[28]在中国的大学学习韩语后来到韩国一家大企业工作的赵某（1990 年生）也表示，在中国，由于公务员工作比较稳定，所以是"很多女生梦寐以求的工作"。不过，由于中国各地区的情况差异较大，所以不像韩国那样所有人都想当公务员。

她还补充说，在中国，即使不当公务员，也能找到其他好的工作。如她所说，中国和韩国在公务员偏好度方面的差异主要取决于当事人如何看待自己的未来。在一份对中国的 90 后和韩国二十几岁年轻人的价值观进行比较分析的报告书中，可以看到两者之间呈现出明显的差异。对于未来的期待和充满挑战的生活，中国的 90 后心态明显更积极。对"未来是光明的"给出肯定回答者，中国的年轻人占 85%，韩国的年轻人占 81%。对"比起平凡的生活，充满挑战和机遇的人生更有意义"做出肯定回答者，中国的年轻人占 60%，韩国的年轻人占 51%。[29]

美国的情况又不一样。美国的年轻人对公务员并不狂热。首先，政府在选拔公务员时重视专业性和工作经验，更看重个人资历，故较少招聘新人。这就把一大部分人挡在了门外。其次，公务员的工作不

---

① 指行政高等考试中的技术职位考试。
② 指的是五级公务员录用考试中的外交资格考试。

够稳定。在美国，公务员一度也被称为"铁饭碗"，但2008年金融危机爆发后，随着财政紧缩，公务员也可能被解雇或削减工资。虽然没有硬性退休年龄，但仍存在着中途被解雇的风险。

2014年，美国联邦公务员人数为271.1万名，比起2011年的340万名已经大幅减少，创下了自1966年7月以来的最低值。《华尔街日报》报道称："金融危机以后，就业率唯一出现下降的是公职人员。"[30] 这是由当时的大环境决定的——民间企业迅速带头克服了金融危机，在此过程中美国经济逐渐呈现出繁荣的气象。

如何看待新生代

那么，我们应该如何看待即将成为社会主力的新生代呢？自古以来，老一代对新一代的看法一般分为两种。年轻人往往象征着新生能量和生活的喜悦、自然、新的开始、革新和希望。尤其是近代以来出现的对年轻的赞美正是这种愿望的集中表现。但是，青年既是希望，同时也是社会忧虑的对象。[31] 有些人虽然肯定年轻人，却害怕年青一代会彻底动摇社会的基本价值。他们担心的是年轻人不肯乖乖接受社会对他们的各项限制和要求。

韩国的情况是，进入20世纪以后，在步入近代和丧失国家主权的过程中，青年慢慢成为"对未来的希望的象征"。具体来说，青年被赋予了"文明的先导者和社会的革新者"的角色。当然，这一角色超出了现实，是一种理想，且只针对少数青年精英。在韩国沦为日本殖民地的过程中，这种认识也发生过变化，但至少是20世纪20年代中期以前的主流。不过，1930年之后青年就成了人们担忧的对象。

尤其是在20世纪30年代中期，有评价称："青年还没来得及实现自己的文化和价值，就被埋没在现有价值观中，尤其是国家权力倡导的价值观。"[32]

这种双重评价同样适用于我们所说的90后。社会对待他们的视线，一种是"什么都做不好的孩子"的消极看法，对于希望当九级公务员的年轻人来说，老一代表现出的最常见的反应就是，这是"缺乏热情，没有挑战精神，只想原地踏步做轻松工作的懦弱一代"；另一种看法则比较积极，说这是"开拓老一代无法赶超的领域的一代"。

但是，问题在于，这两种看法都并非建立在老一代"理解"新生代的基础上，而是来自一种"旁观"的姿态，确切地说，是"袖手旁观"。而且，从20世纪末开始，青年的形象慢慢与其他国家变得相似，这从赋予青年或年青一代的名称在全世界范围内都是相似的这一点上就可以知道。20世纪末开始流行起来的"年青一代"的名称无一例外都是被动和否定的。

无论社会对年青一代的评价是正面的还是负面的，年轻人都应该在与老一辈的和谐共存中成长。出于这种意义，为真正了解新生代，老一代需要付出努力。古今中外，所谓世代间的代沟一直存在。随着世界的变化和人的变化，很多观点也会发生变化，这是理所当然的事情。但是像韩国社会这样在短时间内经历了急剧的变化，世代之间的矛盾可能会进一步加深，因为各代人缺乏足够的时间来认清彼此的差异。老一辈想把自己取得的功绩和理论强加给年青一代，而年青一代则认为老一辈的这种要求是陈腐过时的。

所以，老一辈应该努力去理解年轻人，而不是急于责怪年轻人的想法和行动。必须认识到，从年青一代的抵抗和挑战当中，是可以折射出老一辈的失策和不足的。另外，老一辈还应该看到，当前社会的文化已与过去不同，而新文化的领导者并非他们，而是新生代。

只有老一辈以包容的态度积极接受年青一代创造的价值，并真诚与之对话，对年青一代的偏见和争议才有可能消失。与此同时，还应认识到，年青一代的问题不仅仅是他们自身的问题，还是一个重要的社会现实。所谓的"世代论"应该主要被用于打造代际间具有包容力的共识上，而非制造差异上。

从乳臭未干的臭小子身上能学到什么

也许，只要人类没有灭亡，就一直会有人说这样一句话——"现在的年轻人真是不像话"。包括4000年前的巴比伦文字泥板在内，古今中外都能看到这种文字记录。荷马的《伊利亚特》中也多次出现"古代将领一个人便可轻松地举起石块向敌人投掷，可现在的年轻人竟然虚弱到两个人都抬不起来""真是担心城邦的未来"等类似词句。苏格拉底也说过："年轻人到处嚼食，没有规矩。"东方也是一样，《韩非子·五蠹》中有这样的话："今有不才之子，父母怒之弗为改，乡人谯之弗为动，师长教之弗为变。夫以父母之爱、乡人之行、师长之智，三美加焉，而终不动，其胫毛不改。"说的便是当时的年轻人不听从长辈规劝，是对年轻人做出的负面评价。

前面也提到，"世代"一词的英语语源中，包含着"新出现"的意思。这意味着变化是一种前提。而这种变化势必与老一辈制定的框架发生碰撞，变化的结果就是之前的框架最终被打破。一旦框架被打破，老一辈在意识层面必然产生不安。这时他们会说——"怎么不听大人的话呢？"

半个世纪前，美国人类学家玛格丽特·米德（Margaret Mead）展望了青年引领未来的社会，并预言：老一代向青年学习的时代即将到来。她举了当时美国的例子——移居到美国的人们在不同年龄段表现出了不同的适应能力。成长于其他文化圈并移居过来的老一代（第一代移民）在适应新环境方面存在很大困难，但是在美国成长的子女（第二代移民）比父母适应得更快。着眼于这些事实，米德预测说，比起执着于过去经验的年长一代，不受此束缚的青年的适应能力更强，是时候向年青一代学习他们的生活方式了。在从未生活过的未来世界里，所有人都是"时间中的移民"。现在青年人可以做我们的老师了。[33]

孝岩学院理事长蔡贤国（音）在接受《韩民族》采访时说过一句犀利名言，一度成为网络热议话题——"大家要看清楚，老人都一副德行！"他说："在农耕社会，年龄越大代表越有智慧；而在资本主义社会，年老极有可能会倚老卖老。""现在来看，所谓经验意味着固定思维，先知道的一般都是有问题的东西，不管是信息还是知识，先出来的往往是错误的。"[34] 也许正如他所说的，在今天，过去的经验已经无法成为我们判断的基础或教诲的根据了。

03　90后的第一个特征：简单

给90后的共同特征下定义很难。因为即使是出生时间都在1990年到1999年的人，想法和行动也不可能都相同。道格拉斯·库普兰德认为"X世代"的特点就是不可捉摸的多元文化和丰富多彩的性格，这一点在90后身上体现得非常明显。

但有一点是可以肯定的。那就是90后普遍不喜欢一切"冗长又复杂"的东西，他们甚至认为这是一种应该避开的恶。理解这一代人的第一个关键词就是"简单"。为了了解他们的这些特点，有必要先来观察一下他们的语言习惯。想从某种文化中找寻某种真相，往往可以从语言中获得钥匙，因为语言是与他人交流想法和感觉的桥梁。追求简约的90后经常使用缩略语——

"现在才稍微熟悉了学生们使用的语言，刚开始我还以为在外国给学生上课呢。孩子们都说缩略语，我简直听不懂。真是什么话都能省略。"

久未谋面的大学同学见到我后发了一通牢骚，他现在在首尔某高中担任教师。看来，在新生代的语言世界中受到冲击的不只我一个人。不过，他好像也受到了学生们的影响，说话时也不时蹦出一些缩略语。

我们经常说的缩略语其实是由"缩略"和"语"两个词组成的合成词。绝大多数缩略语都不是标准语，而且，就连"缩略语"这个词本身在韩国国立国语院的标准国语大词典中也无法查到。缩略语与简语一样，是为了缩短词或句子的长度，将其中的一部分省略掉之后的形态。

重要的是，无论古今中外，这种长话短说的表达方式在各种正式、非正式场合都一直被频繁使用，尤其在像韩国这样的汉字文化圈①国家更为常见。随着时间的推移，一些非正式用法也渐渐变成了标准语。那么，今天如此广泛使用的缩略语和以前有什么不同呢？

90后的语言——全方位使用缩略语

首先，70后在20世纪80年代正值十几岁的青少年期，当时出现了很多引用电视中的广告歌曲等广告语的缩略语。例如，当时"뻥"（假话）一词第一次被用来表示谎言，是模仿了当时一些饼干商品的广告语[35]，另外，还流行"天才（천재）"（天下最倒霉的人）、"ET"（不漂亮还高冷）等词。[36]

---

① "汉字文化圈"指的是历史上受中国及中华文化影响，过去或现在使用汉字，且曾使用文言文作为书面语的东亚及东南亚部分地区的文化区域。

在80后进入十几岁的20世纪90年代，随着电脑、手机、传呼机（BB机）等的出现，缩略语进一步增多。最为大家熟知的一些缩略语有——"어솨요"（欢迎光临）、"방가"（见到你很高兴）、"일케"（这样）、"쟈철"（地铁）、"125"（到这里来）等。当时一篇新闻报道还评价说，这是反映经济危机时代节约精神的缩略型，旨在最大限度地减少通信费用。[37]不过，这些缩略语在当时只能算是十几岁青少年之间小范围内使用的隐语。

但是，90后使用的缩略语已经超越了之前的青少年教室隐语和电脑通信文化，并开始全方位扩散。90后缩略语的特点是，从电脑通信和聊天文化扩大到网络和游戏文化，以网络为中心的虚拟世界和以现实为中心的现实世界相结合的缩略语开始出现。比如，"뉴비"（菜鸟）一词最初是用来指网络游戏中的新用户，而在现实中则用来统称所有领域的新手。开始一项新的兴趣爱好的人、大学新生和踏入社会的新人也常常被叫作"菜鸟"。熟悉网络世界的90后还迅速将网络游戏语言带进了现实。打游戏时被父母突然打断叫"父/母袭"（Father/Mother Attack），朋友联系不上的时候叫"潜伏"（Burrow），很难买到的商品是"稀有物品"（Rare Item），得到好东西叫"得"（tem），为某人辩护叫"加防护"（shield）。

值得注意的是，这类缩略语的使用者从以小学、初中、高中为主的青少年逐渐扩大至大学生，最后甚至影响到了人们日常使用的语言，势力范围可谓全方位扩大。例如，大学里两节课之间间隔时间很长的情况被称为"우주공강"（宇宙空讲）；拥有相同目标的求职者共享知识和信息的生活学习小组被称为"생스"（生学）；通常被理解为

孤家寡人意思的外来词 outsider 也被缩略成"아싸"（assa）。相反，insider（圈内人）则被说成"인싸"（inssa）。

"我第一次听到'아싸'（assa）这个词的时候，还以为这是练歌房里某种机器的名字。我完全不知道最近还有这样的说法。还有，后辈们总是叫我'어사'①（aossa）。"

2012 年，毕业多年后重返校园的 07 级学生金某与在校生后辈们聊天时深受打击。原来，当后辈们听到他大学生活的故事时，说了句："看样子前辈以前是아싸（意为'特立独行的人'）啊！"头一次听到这个词，他一头雾水，不明就里。发现彼此沟通有问题后，后辈们又说，我们真是"어사"（aossa）啊。意思是彼此是"尴尬的关系"。

在 90 后生活和活动的所有领域，这种缩略语现象都广泛存在。可以说，缩略语已经渗透到一切领域，就连企业的固有品牌名称也全部"缩水"。"巴黎贝甜"被称为"巴贝"，"米斯特比萨"被称作"米比"，这些都是生活中常见的例子。"烤肉自助餐"和"寿司自助餐"分别被称作"肉助"和"寿助"，"文化商品券"被称作"文商"。如此，几乎所有的类别和品牌都有自己的简称。不知道这些词也没关系，在 Kakao Talk② 上聊天时总会遇到，用几次就会很快

---

① 原意是"钦差"或"御史"，此处为韩语"어색한 사이"（尴尬的关系）的缩略语。
② 韩国人最常用的一款聊天软件，类似于 QQ 或微信。

熟悉。

　　应该注意到，现时代的缩略语在无限扩大范围，且快速影响着现有词汇。而且，它不仅影响着年轻人的文化，也影响到了语言本身。现在，不仅是韩国本国人爱用缩略语，一些外国人也开始学习韩语中的缩略语了。

　　"我在韩国生活已经超过8年了，韩语水平还算可以。但经常遇到不懂朋友们说的话是什么意思，回去以后需要上网搜索的情况。特别是朋友们习惯性使用的'헐'①这个词，我始终不明白它是什么意思，这一度给我带来很大困扰。"

　　在韩国上完大学后，进入韩国大企业工作了3年的美国人马克如是说。他在韩国读过语言学校，大学毕业后又在韩企工作，但是每次听到一些韩语词典中查不到的单词时，他坦言感到非常无奈。如果你想知道外国人对韩语中的缩略语有多好奇，现在可以打开智能手机，在谷歌搜索窗口打出一个"헐"（晕），屏幕上会自动弹出相关检索"헐 meaning"。这足以表明，有很多英语圈的韩语使用者对"헐"的实际意思感到不解。目前，韩国的外国人居住人数为200万，从外国人的立场上来看，韩语中出现了这么多字典中查不到的单词，而且这种现象已经影响到了韩语语言本身，他们感到无所适从是可以理解的。

―――
① 表示惊讶的感叹词，相当于"晕"。

在这种情况下，从 2005 年前后开始，很多机构都进行过本年度最热门新造词及缩略语小测试。2017 年，首尔某高校选取了"ㅇㄱㄹㅇ"①"ㅇㅈ"②"N 포세대"③"헬조선"④"YOLO"⑤"츤데레"⑥"사이다"⑦"할많하않"⑧"아아"⑨"취존"⑩ 10 个新造词对教授们进行了一个小测试。

在这些词中，对于"헬조선"（地狱李朝）、"사이다"（及时雨）、"N 포세대"（N 抛世代）等反映社会现实的新造词，教授们回答的正确率较高。尤其是对于"헬조선"（地狱李朝）、"사이다"（及时雨）两个词，所有的教授都清楚它们的含义，有几位教授甚至还表示，这样的词汇说明了韩国的年轻人内心经历了非常痛苦的时期，让人心情沉重。与此相反，对于"ㅇㄱㄹㅇ"（这是真的）和"아아"（冰美式咖啡）这类仅由辅音字母组成，或由较长的句子缩略而来的新造词，教授们鲜有了解。尤其是"할많하않"（虽然有很多话想说，但最后决定什么都不说）一词，没有人答对。[38]

---

① "이거 레알"中每个音节的第一个字母，意为"这是真的"。
② "인정"（承认）一词每个音节的第一个字母。
③ N 抛世代，指放弃恋爱、结婚、生子、人际关系等目标的年轻人。
④ 即"地狱李朝"（Hell Josen），是韩国网民对韩国的蔑称。
⑤ 英语"you only live once"首个字母的简称，意思是"你只活一次"，指把及时行乐奉为人生信条的人。
⑥ 外来词，指外表冷淡傲娇，内心火热的人。
⑦ 指汽水一般令人爽快的人，及时雨。
⑧ "虽然有很多话想说，但最后决定什么都不说"这句话的缩略语。
⑨ "아이스 아메리카노"（冰美式咖啡）的缩略语。
⑩ "취향 존중"（取向尊重）的缩略语，意为尊重他人的爱好或选择。

90后隐语的特征和类型

前文提到的90后隐语，其特征大致可分为以下三个方面：第一，缩略语的比重非常高。而且以前的缩略语一般是将句子或单词缩略为2～3个音节，而如今的90后往往只用1个音节，甚至只留下每个字的初声（辅音字母）。第二，新隐语的生成和衰退速度很快。前面提到过的2012年的缩略语中，有一些现在已经消失或不再流行了。90后使用的缩略语就是这样，产生得快，消失得也快。第三，这些缩略语会以更丰富、更有创意的方式存在下去。由于缩略语并非以单纯的缩略或合成的方式组成，所以仅看字面很难猜出其含义。想要了解这一代人，仅仅学习他们使用的语言没有太大意义，因为这些词随时都有可能消失或被其他新词取代。

比起这些，我们更应该了解的是他们使用语言的原理。缩略语的产生和扩展大致有以下四种类型：

第一种是最经典、最常用的"缩略型"。这是创造缩略语的最常见的方式，是为了减少现有单词或句子长度而省略一部分正常标记的方法。大部分做法只是将现有的单词和句子进行压缩，但也有将原来的缩略型进行二次变形的形式。例如，意为分情况对待的"케이스 바이 케이스"（Case by Case）可压缩为"케바케"，而它又带来了"사바사"（意为因人而异）的变形，后来在宠物社区又流行起"개바개"（每只狗都不一样）、"냥바냥"（每只猫都不一样）等说法。

这种压缩法多用来压缩特定的句子，压缩后的部分一般可以概括整句话的意思。比如，"낄끼빠빠"（见机行事）和"할많하않"（虽然有很多话想说，但最后决定什么都不说），压缩后的部分足以用来

完成对话或说明情况。

第二种是超级压缩的"初声型"。"初声型"缩略语最早出现于1999年年初，但使用范围比较有限。最常见的例子有——"고고"（Go Go）的缩略型"ㄱㄱ""축하"（祝贺）的缩略型"ㅊㅋ"，以及"응응"（嗯嗯）的缩略型"ㅇㅇ"。但是，最近已经出现了越来越多的类似于"ㅇㅈ"（承认）、"ㄱㄲ"（巢蜜，指非常棒的体验）的初声型缩略语。

现在二十几岁的90后当中，很多人只靠初声就可以进行KakaoTalk对话。相比过去那些简单、容易猜出意思的初声型缩略语，最近出现的一些流行语变得更为复杂难懂，句子长度变得更长，其他年龄段的人很难看明白什么意思。比如，"ㅇㄱㄹㅇ ㅂㅂㅂㄱ"的意思是"这个真的无法反驳"，"ㅁㅊㄷ ㅁㅊㅇ"的意思是"疯了疯了"。

第三种是句子和单词相结合的"合成型"。2018年在Olive播出的《饭bless you》是由"饭""bless"和"you"组成的合成词，意为"饭能让你们平静"。其实这是"法律bless you"（法律救了你），即"如果没有法律我不会放过你的"这句话的变形。据说，当时节目组一直未能最终敲定一个满意的节目名称，后来制作组里的一个90后想出了这个名字。假如不是这个90后的建议，就不会有今天的《饭bless you》这个节目名了。

这个类型的合成型是将两个以上的现有单词或短语拼接在一起，创造出新单词或用语的造词方法。与缩略型不同的是，有时它会失去一部分词语原来的意思。例如，"나일리지"是"나이"（年龄）和"mileage"（消费积分）的合成词，意思是"年龄越大权力越大"，

一般用于批判倚老卖老之人。

第四种是一些常见的打字错误导致的"误打型"。误打型缩略语又可以分为很多种，其中第一种就是像名称中所说的那样，由于用电脑键盘打错字而衍生出的单词，"고나리"和"오나전"就是其中典型的代表。用韩文键盘打字过快的时候，很容易打出这两个词，它们本来应该是"관리"（管理）和"완전"（完全），这类词的使用属于将错就错。第二种通常被称作"野民正音"，是网络社区 dcinside 的"国内棒球迷"和"训民正音"[①]的合成词。这类词将形状相似的字形进行切换，有意制造错别字，常见的例子是小学、初中、高中学生主要使用的"食堂体[②]"。比如，将字形相似的"대"字和"머"字进行切换后，就出现了"머장"（队长）、"머머리"（光头）等形态；将"귀"和"커"进行切换，就出现了"커엽다"（可爱）、"방커"（放屁）等形态。

"过分省略"的后果

还有人指出，二十几岁的 90 后过分热衷于使用缩略语，虽会为交流带来一定的乐趣，但也会成为代际间沟通不畅及矛盾产生的根源。就当前的缩略语使用问题，韩文学会学术部部长成基知（音）表示："10 年前学者们大都认为缩略语流行一段时间之后便会消失，不

---

① 韩文是由李氏朝鲜的第四代国王世宗大王（1418 年至 1450 年在位）主导创制的朝鲜语文字，创制之初被称为"训民正音"。
② "食堂体"指吃学校食堂的初、高中生通过 SNS 使用的隐语，主要流行于 10～20 岁的青少年。

必过于担心。但现在,情况发生了很大变化。"以前的缩略语一般把"초등학생"(小学生)叫作"초딩",把"선생님"(老师)简称为"쌤",大家只要听到发音就能大致猜测到其含义。但现在,除了特定人群,其他人根本无法明白这些缩略语代表什么意思。成基知部长还评价说:"如果缩略语存在的意义仅仅在于带来乐趣,却给人们带来了很大的沟通障碍,那就值得我们注意了。"[39]

但是,隐语本来就是不希望其他阶层或群体的人听清的,是只在自己成员之间频繁使用的语言。再者,代际之间存在着一定程度的沟通障碍也是自然而然的事情。从前隐语只能通过电视进行有限扩散,但在实时传播迅猛的今天,这种扩散趋势是很难阻止的。

特别是2010年以后,随着智能手机的快速普及,缩略语以前所未有的速度在90后之间传播开来。尤其是智能手机的普及让Kakao Talk等聊天工具全面改变了人们之间的通信方式。老一辈的交际通常是一对一的,沟通主要依靠快速打字和使用适当的表情符号。因此,经常用手机发短信的80后这一代也被称为"拇指族"。从20世纪90年代后期到2010年,让人眼花缭乱地快速打字被视为一种能力,很多地方还举行过打字比赛。

但是,2010年起移动聊天应用飞速发展,快速通过键盘输入文字的能力已不再受到追捧。实际上,2010年以后打字比赛已经销声匿迹了。而且,90后主要通过移动聊天工具Kakao Talk进行交流,通信方式也变成了一对多,仅靠打字已经不够了。

如果要在20人的Kakao Talk群打出两句以上的话,很容易错过其他人的回复。于是,人们找到了代替快速打字的新工具。

新的通信语言：表情符号和动态图

2010年以前也有"表情符号"（emoticon）的说法，但当时的表情符号是用现有的文字组合而成的文字表情。不过，2010年后的表情符号指的是Kakao Talk或LINE等移动聊天应用上免费或付费提供的图形符号。

今天，以Kakao Friends①为代表的表情包俨然已成为一种新的聊天语言。如果说以前的人们通过打字来表达自己的心情，那么现在的年轻人则是通过轻触手机屏幕，用表情包加上简单的单词来完成对话。在什么样的情况下使用哪种表情，以及手机里有多少新出表情，这些都可以成为判断个人品位的依据。

在此情况下，运营商新推出手机服务时，最常见的宣传语便是——"下载该游戏（服务）的用户将免费获得新出表情符号"。对于习惯用表情符号进行交流的年轻人来说，这是最有吸引力，也是最有效的营销策略。

除了聊天表情符号，还有一种非常流行的通信语言，这就是"짤방"（删防），它是"짤림 방지"（防止被删）一词的简称。21世纪初的DcinSide社区留言板，没有配图的文字通常会被删除。为了防止自己上传的内容被删，很多人便随意添加一张图片后一起上传。后来，"짤방"（删防）一词用来代指上传至网络上的所有图片。近来，该词的叫法进一步省略，只叫首音"jjal"。

---

① 韩国移动聊天软件Kakao Talk推出的表情包，家族成员由八个个性迥异的卡通形象组成。

与素材有限的表情符号相比，"jjal"的素材来源和传播性都很广。包括动画片在内的电视节目的屏幕截图、网站及网络社区的回帖等，所有这些都可以成为制作"jjal"的素材。另外，一个新的"jjal"出现以后，相关的模仿物也会源源不断地被创作出来，而且这一过程是无止境的。

拥有大量"jjal"，并且懂得在适当的时机巧妙运用的人被称为"jjal 神"或"jjal 主"，往往令很多人羡慕。"jjal"可以由用户自己动手制作，但大多数是通过各种渠道被储存到人们的智能手机中。喜欢到处收集"jjal"的人又称"捡 jjal 人"。

新生代的年轻人已经不愿意通过大段文字进行交流。因此，这个时代比起快速运用文字，适时发送适当的表情包或图片更受欢迎。还有一种动态的图片 GIF，又被称为"움짤"（动图）。能熟练利用动图进行聊天的人就是真正的聊天高手。

"滚压过大，请压缩为三行。"

最近，网上一些论坛中经常可以看到这样的回帖。其中的"스압"（滚压）是"스크롤 압박"（滚动条压力）的缩略语，指的是帖子内容过长，以至于屏幕上的滚动条都变得很薄的意思。这告诉我们，在网上发帖时，如果内容过长，看的人读起来会很累。正因如此，一些内容发布者考虑到读者的感受，不得已发表长篇大论时，会事先打出"滚压警告"的字句，以征得读者谅解。所以，上面说的"请压缩为三行"的完整意思其实应该是——"最好将所有内容压缩成三行"。

不过，如果你认为这是 90 后懒惰或缺乏理解能力的表现的话，就大错特错了。因为与现有出版物的线性阅读方式相比，网络帖子属于非线性阅读方式，对于习惯了这种浏览方式的人来说，这种要求不能算作无礼要求。

在非线性阅读时代，期待用户有足够的耐心去阅读长文是不现实的。道理很简单，因为用户知道，阅读长文的这段时间足以通过浏览网络新闻，以及穿插其中的各种链接来获取更多信息。从经济学"投资回报率"的角度来看，没必要对一篇文章投资 10 分钟以上。

这样的阅读习惯渐渐改变了 90 后的阅读模式和文化资讯消费方式。首先，网站的 F 型浏览模式得到进一步强化。2006 年，雅各布·尼尔森（Jakob Nielsen）曾做过一项基于 232 名用户浏览上千个网站的可读性研究。结果显示，F 型是用户浏览内容版块时最常用的扫描浏览模式，即读者会首先从左往右以水平线方向浏览，然后从屏幕最左边垂直往下浏览，从段首句或小标题中寻求自己感兴趣的关键词或内容，最终形成一个字母 F 的形状。这是大脑面对网上铺天盖地的信息要迅速做出处理而选择的阅读模式。还有一种更为极端的方式，在阅读网络新闻等内容时，只通过标题来推测其内容，然后通过最下面的回帖浏览其他人的意见和想法。很多 90 后就是以这种快速获取大量信息的方式来浏览网页上的内容版块的。

90 后的快速信息消费已然形成了一股所谓的"剪报综合征"（clipping syndrome），在信息洪流中，他们只关注那些向读者推送重要新闻并进行摘要、节选的频道。脸书信息流（News Feed）上充斥着各种摘要推送网页的现象便是一个例子。这意味着，如今的受众更喜欢压缩过的、简短明了的内容。因此，今后一个栏目是否受欢迎，除了要考虑内容因素，内容长短的处理也显得尤为重要。

手机改变了 90 后的生活

进入 21 世纪以来，随着互联网的普及，人们阅读纸质出版物的时间大幅减少，报纸、纸质书籍，无一不是如此。在印刷品、电视、电脑、收音机四种媒体中，印刷品的使用量最少。当然，在 21 世纪最初的 10 年里，手机已在全世界得到普及，当时的功能手机（非智能手机）也可以支持上网。但是，我们经常会看到因为不小心按错键而产生巨额流量费的新闻报道，所以，当时用手机上网还是会受到诸多限制的。

随着互联网的发展，传统产业和媒体也快速实现了数字化，所有媒体都开始通过网络提供数码产品。报社开始通过网络提供新闻报道，传统产业也试图通过互联网扩张自己的版图，服装和食品等商品也开始通过互联网进行销售。一些人成为这个时代的弄潮儿，他们通过网上购物进行创业，赚得盆满钵满，有的人已身家上亿，还有的人通过传统经营模式到互联网经营的转型获得巨大成功，一举成为商业新秀。

但是，这部分人的数量并不多。换句话说，只是某些行业出现了变化，而不是所有行业都经历了危机。被称为传统媒体的广播、报纸等市场虽然缩小了，但并未完全消失。80 后的年轻人虽然花费了很多时间在网上冲浪，但他们仍然会买书、订阅杂志。虽然媒体消费逐渐倾向于网络，但他们依然愿意用 CD 听音乐、用 DVD 看电影，订购报纸的家庭也没有明显减少。

但自2010年以后,手机发挥的作用越来越大,人们的生活逐渐呈现出与过去截然不同的面貌。从前人们只有坐在可链接网络的电脑前才能上网,但现在已经不需要这样了。可以说,移动手机的主导地位给所有人的生活带来了巨大的影响,其中受到影响最大的是从2010年起正式迈入20岁门槛的年轻人。

爱尔兰管理思想大师查尔斯·汉迪(Charles Handy)在其著作《大象与跳蚤》(*The Elephant and the Flea*)中说:"如果技术变革发生在一个人35岁前,那么会让人觉得很新奇,并能让他们看到新的机遇;但是如果变化发生在35岁以后,那么给这个人带来的可能就是困扰和无奈。"如果将这种变化与2010年以后出现的急剧变化联系起来便可以发现,对70后来说,手机引起的铺天盖地的变化无异于一种灾难;对80后来说是一种挑战;而对90后来说无疑意味着一种全新的生活。

通常认为,15到20岁的生活和价值观的变化对一个人的一生影响最大。而90后恰恰是在十几岁的青少年时期和即将步入成年时遇到了"手机"这一新生事物。

失去阅读功能的大脑

据文化体育观光部公布的《2017国民读书实况调查》显示,成年人中,过去一年阅读一本以上纸质书籍(教科书、学习参考书、备考书、杂志、漫画除外)的比例是59.9%。出现"不看书的韩国"

这样的说法已经不是一天两天的事了，但2007年成年人的年阅读率尚且为76.7%，而10年后竟然足足下降了16.8个百分点。现在，一般不会有人问"你昨天看什么书了？"，也许问"去年你读了几本书？"更合适。这说明了什么呢？

尼古拉斯·卡尔（Nicholas Carr）在他的《浅薄》（*The Shallows*）一书中说："现在有些人认为读书就像给自己做衣服穿或自己动手宰杀动物一样陈旧过时，甚至被认为是愚蠢的。"书中的乔·奥希亚（Joe O'Shea）曾经是佛罗里达州州立大学的学生会长，同时也是罗德奖学金的获得者。他说自己从不看书，而是通过谷歌迅速查找相关资料。乔的专业是哲学，他认为通过谷歌的互联网图书搜索工具，只需要1～2分钟就可以筛选出必要的信息，没有必要非要翻阅令人眼花缭乱的书页。他说："坐在那里一动不动地从第一章一直看到最后一章是不可能做到的事情。""这样不能有效利用时间，而通过网络可以更快地找到所需要的所有资料。"在他看来，如果大家都懂得做互联网上"聪明的猎人"，书籍就是没用的东西。

尼古拉斯·卡尔在评价乔的时候说："他应该不是特例，而是代表一种普遍存在的现象。"现实果真如此吗？2008年，调查咨询公司nGenera发表了关于互联网对年轻人所产生影响的研究结果。该研究将伴随着网络成长起来的6000多名青少年命名为"Net世代"（Net Generation），并对他们进行了采访。研究者认为："数码产品的使用对青少年了解信息的方式产生了很大影响。他们在阅读一页文字时，不是采用从左到右、从上到下的阅读方式，只是东一眼西一眼地只浏览自己感兴趣的部分。"

像这样，新生代们的阅读方式已经发生了很大改变，但这并不仅仅是韩国特有的现象。美国杜克大学教授凯瑟琳·海尔斯（Katherine Hayles）也证实了这一点，她在美国大学优等生荣誉学会（Phi Beta Kappa）中说过："已经没有办法再让学生读完一本书了。"随着21世纪的到来，网络成为交际和获取信息的主要方式，其应用范围之广可谓史无前例。至此，我们逐渐脱离了原有的信息获取模式，然后适应了"根据需要来收集和处理信息的网络特有的机关枪模式"。

　　90后与老一代不同，他们已经习惯不再从书上寻找信息，有些人甚至不通过网页搜索信息，而是在YouTube或一些社交媒体上寻找需要的东西。但是，YouTube等视频媒体和社交媒体基本上都属于响应式媒体，这意味着观众观看完画面后，需要立即做出反应。尼古拉斯·卡尔认为这种响应式媒体会改变他们的大脑，使他们的想法蒸发掉。当然，我们不能无条件地同意他的所谓"使想法蒸发"的看法，但可以肯定的是，90后的思维方式已经发生了很大的变化。

"App一族"时代，向非线性思考转变

　　如果说80后是在青少年时期进入青年时期的过程中接触和熟悉网络的"互联网一族"（Web Native），那么90后就是脱离幼儿期之后便熟悉了网络，进入青年期后便适应了以智能手机为代表的移动生活的"App一族"（App Native）。"互联网一族"的80后和"App一族"的90后在思考方式上存在着很大的差异。

　　从小就享受着网络带来的便捷，24小时保持在线状态的"App

一族"需要的是一种柔性思维方式。对他们来说，现有的静态、集中的线性思维方式已经过时了。他们需要一种快速获取网络提供的信息，能进行即时查找的非线性思维方式，这已是不可扭转的趋势。现在，宣告了数码时代到来的"互联网一族"已经黯然退场，新的主导权正移交给势头正旺的"App一族"。也就是说，目前我们正处在开启新的知识、文化历史的重要阶段。

对于"App一族"的90后来说，手机画面比纸张更让他们感到熟悉。他们是不仅在课外时间，而且在学校课堂上也使用平板电脑的第一代人。从纸张到电子屏幕的变化不仅代表着阅读方式的转变，也影响到了人们对文本的专注力。通过台式电脑或手机，用户可以快速搜索各种图书资源，而且可以随意在不同文本之间进行切换。随着这种做法渐渐成为日常，他们对于灵活、快速地处理文本变得越来越得心应手，但对文字的专注力却在慢慢减弱。尤其是搜索引擎通常会提供与我们的检索内容有关联的文本的一部分内容或几个关键词，以引起我们的注意，但这无法让读者从整体上了解文本。因此，仅通过网络检索，往往一叶障目，除了主动进入视野的一枝半叶，无法看到整片森林。

而且，手机屏幕上不仅仅有数字文件，还能将视频、音频、搜索工具、许多应用程序和微件（简称"Widget"）等用户所需的所有信息整合在一起集中展示。当这些信息汇集在一起，就会妨碍用户集中精力，反复的刺激更会导致人脑思维涣散。还有，用户手机24小时处于网络链接的生态系统中，这让你意识到，你可以随时与某人取得联络，且与其他事物一直处于连接状态，这容易让人对断网产生极大的恐惧。正因如此,如果手机没电或流量不够用时,很多人会感到坐立不安。

对于断网的恐惧是老一代的人们难以理解的事情,同时也创造了很多新的商机。例如,主要使用功能手机的80后上大学时,去参加MT①必带的物品通常是酒和食物等。但是现在的大学生们必带的是移动充电器和多用插座,为的就是防止手机没电无法上网。这些现象如今非常常见。最近,饭店和咖啡店等场所的电源插座几乎很难看到有空闲的,经常能看到一些年轻人把智能手机连在插座上,自己蹲在旁边玩手机。

微型小说的出现

在90后长大成人的这个时代,文学也追求"更短、更简单"。这是因为,已经彻底离不开手机和网络的90后的大脑构造已经难以消化现有小说。这时,微型小说出现了。微型小说有多个名字,包括瞬间小说、微小说、微故事、小小说、明信片小说、闪小说等,其中最常见的叫法是"微型小说"。

提到微型小说的代表作家,当属日本微型小说鼻祖星新一。所谓的"微型小说"是指200字的Hangul②稿纸10页左右的小说。考虑到现行短篇小说的篇幅一般为50～100页,微型小说的长度可谓非常短了。微型小说的特点是只截取生活中具有特殊意义的某个片段或

---

① Membership Training 的缩写,是韩国大学内非常流行的一种集体旅行形式。
② 一款韩国的办公软件,其文件格式为HWP。

场景进行描写。因此，与其他小说相比，微型小说更能及时把握时代变革及其在人们心理上的反响，使读者在极短的时间内获得某种有益的感悟和启发。

2014年7月，韩国也出现了微型小说。曾在脸书上传社会批判性短篇小说的张周元（音）作家将自己的69篇作品结集出版为小说集《ㅋㅋㅋ》（《呵呵呵》）。韩国国内的短篇小说篇幅一般为80页，而张周元的小说只有6～7页。虽然作家本人坦承这完全是因为"自己属于无法过于专注于某件事的类型"，但不可否认的是，该书的出现正式宣告了韩国微型小说的登场。

在这些充满幽默和讽刺的文字被冠以微型小说之名出版之前，张周元已经是拥有众多粉丝的社交网络明星作家。当然，他的脸书粉丝大部分都是80后和90后。他的文字中蕴含着一种特有的幽默，读来非常有趣，但最重要的还是篇幅短。假如当初他上传的文字是给读者带来阅读压力的长篇大论，那么就算再有趣，估计读的人也不会太多。

目前，随着微型小说的数量越来越多，网络上已经出现了专门的微型小说专区。2017年，文化创意公司studiobombom（스튜디오봄봄）在Naver[①]的读书文化版和pandaflip网站首页上正式推出了"微型小说专栏"，用来刊登阅读时间在3分钟左右、字数为2000字左右的微型小说。此外，赵南柱、张康明、成硕济、孙宝渼、金衍

[①] 韩国最大的搜索引擎和门户网站。

洙、千明官、Djuna、裴明勋、金司果、南宫仁等韩国知名作家也积极加入了微型小说的创作之中。[40]

App 一族的时代，纸质书籍会消亡吗

纸发明于 105 年，迄今为止，纸已经伴随人类度过了 2000 多年的时间。但无论东、西方，书籍历来都主要属于部分知识阶层和权力阶层，而这些人长期以来都试图对普通人隐藏书籍。在写作和阅读的机会被少数人垄断的时代，真相被隐瞒，虚假的故事和虚无缥缈的神话盛行一时。

在西方，《圣经》一度是用很难的语言写成的，像拉丁语一样，普通人是很难看懂的。在《圣经》被整理出版之前，神职人员可以告诉别人，自己所说的话都是出自《圣经》。因为不认字的人根本无法读《圣经》。后来随着出版的普及，《圣经》被翻译成德语等一般语言出版，这也导致了基督教后来的改革。1517 年，马丁·路德发表《九十五条论纲》触发了宗教改革，两周时间里这篇文章就在欧洲全境传开。如果没有古登堡的印刷术普及，这是不可能发生的事情。后来，随着印刷术的进一步发展，人类渐渐熟悉了纸质书籍。

但是，书籍在 19—20 世纪受到了巨大的威胁。这种威胁来自报纸、留声机、电视、电影、互联网等的出现。19 世纪初，报纸开始广泛发行，仅伦敦就有超过 100 种的报纸。许多人甚至放言，纸质书已经面临存亡之秋。但事实证明，他们的想法是错误的。当初托马斯·爱迪生发明留声机时，也有不少人预言纸质书会消失。但是纸质书顶住了报纸的冲击，然后又克服了留声机的冲击，因为倾听取代不了阅读。爱迪生的发明多被用来演奏音乐，而不是朗读诗歌、散文。电视和电影也是一样。

被称为 21 世纪的古登堡革命的电子书面世时，很少有人认为现有的纸质书会消失。电子书是指可以通过终端设备、电脑、手机等进行阅读的数字化图书、文件，或手持阅读器。印刷后整齐装订起来的纸张被看作一项伟大的发明，500 多年来这种信念一直没有变过。一些"纸粉"愿意相信，纸的生命力起码还能持续几百年。

其实，在所有的大众媒体中最能抵抗住网络影响的就是书。互联网问世后，随着阅读对象从经过印刷的纸张转到电子屏幕，出版业受到了一定的冲击，但书的形态并没有发生太大的变化。在向数字时代转换的过程中，唯独书的转换速度很慢。作为一种阅读工具，书相比电脑有几个优点。首先，拿到海边去读的话不用担心沙子的问题；即使打瞌睡时书掉到地上，也没有关系；睡觉之前还可以抱着它上床；洒了咖啡不用怕；垫在屁股下面坐着也无妨；把读了一半的书倒扣着放在桌上，过几天再拿的时候，还是原来的样子；不需要插电源，也不用担心电池没电。

其次，纸张上黑色墨水印刷出来的文字比闪烁的屏幕上像素组成的文字看起来更舒服。通过设备阅读的时候，眼睛很容易感到疲劳，但用纸质书读上几十页甚至几百页都不会出现这个问题，而且翻页也更快、更灵活。因此，尽管电子书为提高阅读体验开发了很多功能，但仍有很多人说找不到看书的感觉。纸质书可以在空白处做笔记，还可以给感兴趣的内容画下划线，书的扉页可以让作者签名，书本可以放到书架上，还可以把书借给朋友。

综上所述，虽然这些年电子书好像变得越来越流行了，但大多数人对电子书并不热衷，毕竟购买纸质书阅读更便捷、舒适。而有些人动辄花费数百美元购买所谓的"数字阅读器"，也经常被认为是愚蠢的事情。

但是，未来书籍还是无法避免受到数字媒体革命带来的冲击。出版社和物流公司不可能无视数字生产和流通带来的经济效益。比如，它不需要大量购买油墨和纸张，也不用花费印刷费以及用卡车装运沉重的纸质书，更不用考虑库存的问题。

成本节省将直接导致价格下调。电子书的售价往往只有纸质书价格的一半，这和部分数字阅读器生产企业有生产补贴也有一定关系。巨大的价格反差让一些人在纸张和像素之间选择了后者。

曾经一度因为印刷术的发明而出现的大众阅读时代正在逐渐消失，读书很有可能仅成为少数精英阶层的领地。我们似乎又回到了原点。美国西北大学的教授们在 2005 年发表的《社会学年度评论》（*Annual Review of Sociology*）中提到，最近人们的阅读习惯在发生变化，这暗示着，所谓的大众阅读时代在人文史上只是一个短暂的"例外"。大众阅读正在回到从前，即读书仍然是少数精英阶层的事情。首尔大学教授张大翼（音）在 2017 年国会发布的《读书与市民品格》中也表示，人脑的进化程度决定了它本来就不擅长读书，读书是较晚才出现的事情。从进化论来看，人们之所以进行没有必要的读书，只是因为读书能带来利益。

亚马逊的首席执行官杰夫·贝索斯（Jeff Bezos）在介绍 Kindle 电子阅读器时有些自卖自夸："我们制作了一款最大程度还原纸质书阅读体验的产品，这是非常鼓舞人心的事情。它将改变人们阅读的方式。"这是肯定的。人们的读写方式已经被网络改变了，而且随着文字从印刷的纸张中跃出，融入技术的生态系统中，这种变化还会越来越多。

04　90后的第二个特征：有趣

"起承转傻""沙雕文化"的出现

90后的第二个特征就是"有趣"。如果说80后前面的几代人追求的是所谓的"生活的目的"，那么90后这一代追求的就是"生活的游戏"。他们认为一切秩序都是让人憋闷和窒息的东西。如果别人一板一眼、循规蹈矩，他们会反唇相讥："我怎么闻到一股酸腐味？"意思是没必要那么死板。90后追求"有趣"已成为一种文化现象，相关的例子也非常多，这从一个侧面向我们展示了90后的生活方式。

其中最具代表性的例子就是"기승전병"（起承转傻）。这是由"기승전결"（起承转合）和新造词"병맛"（沙雕）结合起来组成的另一个新造词。所谓的"沙雕"一般是指某一对象"缺乏逻辑、糟糕、水准低下"，其中包含着对所指对象的嘲弄的意味。网络上最多使用"沙雕"一词的领域是网络漫画，其中一种漫画也被称为"沙雕漫画"。"沙雕漫画"的特点是，看似漫不经心的画法、打破常规的故

事结构和内容。因此,"起承转傻"的意思就是:故事开始—展开—高潮或反转,最终出现烂尾式结局。[41]

韩语中的"沙雕"一词最初出现于 dcinside 网站的网络漫画连载专区。当时,一位名为"无乐公高"的画手在此连载了一部名为《정재황》(《郑载煌》)的漫画。后来,漫画家英威将沙雕漫画发扬光大,而英威本人也被称为"网络漫画沙雕本尊"。其实沙雕漫画最初的意思是,"虽然看起来很傻,但是很有趣",但随着网络上沙雕漫画的增多,这个词的否定意味慢慢变强。渐渐地,"沙雕"一词的使用已经远不限于上传到网络上的各种个人作品,对于那些低水准的新闻报道、评论等,网民们也经常使用该词。

有观点认为,"沙雕"一词之所以能流行,是因为人们内心想要摆脱完美无缺的沉闷生活的欲望,还有,将自己定义为失败者的人在不断增加。受经济萧条大环境的影响,失意的年轻人往往自嘲是"沙雕"。也有分析认为,这是对整齐划一的规范式教育制度的反叛,同时也是对自己独特审美的消极表达。还有人总结,如果说 20 世纪 80 年代以前,人们喜欢分享成功人物的励志故事,那么 2000 年以后,反映年轻人失败意识的"沙雕"文化正在引起广泛共鸣。

但不管原因是什么,重要的是,一度仅在网络漫画社区流行的"沙雕"文化正在迅速融入主流文化。

朴俊亨,通过《拔草男》重获事业第二春

有这样一位艺人,他已年满 50 岁,时不时在 YouTube 上开一个"胡言乱语大会"。他便是1999年通过男团God出道的朴俊亨。通过JTBC电视台的演播室LuluLala制作的综艺节目《拔草男》（*Wassup Man*），50岁的朴俊亨迎来了演艺事业的第二春。《拔草男》在2018年5月30日开通了YouTube频道，4个月时间就吸引了超过130万名的订阅者，是现有电视台单一频道中观众增长最快的一个，它在YouTube上每集的平均点击率高达180万次。

《拔草男》的主要目标观众是包括90后在内的千禧一代，节目中大胆插入了很多B-cut画面①，这在以往的节目制作中是不可能出现的。节目中还大量曝光了很多镜头背后的故事，风格非常独特。除朴俊亨之外，大部分演员都是20多岁，节目的字幕和编辑都选用了90后熟悉的词语，比如，"TMI"（Too Much Information）、"JMT"（好吃到没朋友）、"妈卡"（父母的信用卡）、"黑牛"（软柿子）、"超级insider"（擅长社交的人）等，而朴俊亨每每听不懂这些词，非常好笑。当然，除了这些新造词，朴俊亨还有很多其他韩语单词也听不懂。

《拔草男》掀起的收视热潮中，比起频道的人气，还有一点更值得注意，那就是观众对于节目传递出的B级感性②，以及节目不加掩饰的真实所表现出的态度变化。实际上，20年前的朴俊亨也一样特立独行，满口金句，但是对于20年前的观众来说，这种风格并不讨喜，所以节目视频被大幅剪辑。但是，现在就不一样了，年轻观众对

---

① 指非精修的镜头。
② 指有别于正统审美风格的感性类型，和前文提到的"沙雕文化"拥有共同的受众。

他的"沙雕"B级感性非常着迷。

JTBC 演播室 LuluLala 的朴政宰（音）组长在"千禧一代喜爱的内容类型与流通战略"的演讲中说："《拔草男》的亮点在于颠覆了常规的演播法则，出演者说起话来无拘无束，节目组后期不会对此进行过多的剪辑。"另外，"在以往的节目中不可能对某个饭店的食物进行评价，或者动辄植入广告，但这个节目中没有了这些顾忌，观众反而很容易接受"。[42] 如此，随着受众的更新换代，观众感兴趣的点也在发生变化。昨天行不通的东西，今天却可能行得通；昨天引发人们好感的东西，今天却可能让人反感。

《拔草男》之所以能够成功，并不是单纯地因为节目输出频道从电视转到了 YouTube，而是电视台通过观众们喜爱的渠道，为之提供了受欢迎的内容而已。朴俊亨最近出演的化妆品广告也仿照了《拔草男》的内容和形式，也可以证明这一点。另外，朴政宰组长还强调了"OSMU"（One Source Multi Use，意为一个来源，多个用途）和跨媒体创作，并表示"在制作电视剧等节目时，不能只狭隘地考虑电视播出用途，还要兼顾在线播放、YouTube 等多种平台特性，对内容、形式等进行适当的调整"。

节目组俘获 90 后观众的最后一个绝招是倾听观众心声。《拔草男》的主题就是前往 YouTube 观众通过留言推荐的目的地。总体来说，《拔草男》是边与观众沟通边制作节目的，观众的意见得以真正地被反映到了节目制作的全过程。假如观众认为节目当中植入广告太多，节目组便会策划去广告植入较少的济州岛旅行；假如观众认为近期的节目去咖啡厅太频繁，节目组甚至会把已在咖啡厅拍好的视频整集删除。通过快速、积极地听取观众意见，《拔草男》赢得了越来越多观众的喜爱。

90后必备技能：玩梗

大家听说过"드립"或"개드립"（梗）这个词吧？韩语中的这个词来自外来词"ad lib"，意思是随机应变，是一个网络隐语。它原本是意为"自由、即兴"的拉丁语"ad libitum"的缩略型，最早出现于dcinside社区，意思是即兴发言，带有贬义色彩。

"梗"的意思现在已经扩展为"对特定情况或行动做出的发言"，被当作一个词缀使用，也可以用来指某一对象说的空话、失言、粗话的意思。该词的实际含义不断扩大，现在已经成为很多90后的日常用语高频词。后来还出现了"드립력"（玩梗力）这样的新造词，意思是一个人"说梗、玩梗的能力"。它也可以看作一种搞笑能力，但是以前的搞笑能力只是单纯地让人发笑的能力，而今天的"玩梗力"指的是在适当的时机说出短而精的金句，瞬间让人捧腹大笑。

最有代表性的例子就是"树维基[①]"。20世纪，《大英百科全书》几乎成为百科词典的代名词。但进入21世纪以后，基于互联网的开放型百科全书"维基百科"将其取而代之。维基百科显示了集体智慧

[①] 树维基（Namu Wiki，又称为木维基）是韩国本土的一家维基百科，目前是韩国所有维基系统中编辑量最高的网络百科全书。

的强大，并且通过互联网相互合作的知识生产方式，终于超越了历史悠久的百科全书。

但是，在90后中，韩国版的维基百科好像没有什么人气。原因很简单，维基百科使用起来不够有趣。90后需要的并非单纯的信息，而维基百科仅限于忠实地传达基本信息，禁止阐述个人看法。这时，另一种"维基百科"出现了，它允许任何人编辑和上传个人见解，这就是韩国的"树维基"。

2007年3月1日，树维基刚诞生时的名字是"엔하위키"（Enhawiki）。Enhawiki最初是日本动画片《机动战士高达》粉丝社区网站Angelhalo旗下的维基词典，是日本动画等亚文化群领域的信息网站，后来逐渐扩展为涉及科学、学术、时事等多个领域的百科词典。10年后的2017年，树维基在韩国人气网站排名中位居第11位，远远超过了排在第33位的韩国版维基百科。因此，最近如果在谷歌、Naver等反映用户喜好度的门户网站搜索窗口搜索特定关键词，树维基的位置往往比维基百科更靠前。

树维基以混合了玩笑口吻的特有的叙述方式，一举拿下了那些不喜欢毫无温度的文字的读者群，随着不同身份、领域的热心网友持续写文、更新词条，网站规模快速增长。2012年，树维基更名为"리그베다 위키"（rigvedawiki）后，日益成长为综合性信息网站，其内容已经扩展到文学、国际、历史、政治、时事、教育等传统百科全书覆盖的条目领域。[43]

树维基将自身定义为存储御宅族相关信息和冷知识（琐碎、无用的知识）的空间。如其所说，在有些人看来，这是一个"无用的空间"。而且除了亚文化相关信息以外，其他大部分是不可信的内容。上传内容的相关规定也比较松散，因此无法避免信息的主观偏向性。90后却非常喜欢这个"无用的空间"。对他们来说，这个空间既是信息的库房，又是能提供乐趣的娱乐空间。

还有一种可以让普通人向全世界展示自己的玩梗能力，并借此分享快乐的新型的玩梗空间，这就是脸书上的"题目学院"（Title Yourself）。在点赞数高达70万次（以2018年的数据为基准）的该网页上，脸书会员可以通过回帖的形式给图片取标题，造梗能力最强的回帖会被分享给所有人。会员还可以用这个tag（提到）朋友，同时加上想跟朋友说的话。

"题目学院"的超高人气也影响到了其他网络媒体。比如，《大学明天》杂志新设了"大学明天题目王"栏目，在《大学明天》的脸书上，网友可以给"题目创意"中的帖子发表回帖，最有创意的三个回复会被杂志刊登，回复人将得到赠送的礼品。栏目作者表示，《大学明天》的编辑们也经常在"题目学院"参与回帖，杂志记者有时也会为找不到合适的题目而苦恼，很多时候由于想不出理想的题目，报道写完后却迟迟无法提交。

现实世界中的"沙雕文化"

始于网络漫画和在线社区的"沙雕文化"正向线下世界蔓延。最先受到影响的是90后的主要活动场所——大学。我们留意到，学校公告栏上的社团新生募集海报中，有很多是戏仿网上有名的图片。

"记得几年前就开始流行这种'沙雕'海报了。现在这种海报太多了，一般的恶搞已经很难引起别人的注意了。今年的社团招募也都是这种风格。"

西江大学四年级的金某如是说。这种"沙雕文化"不仅出现在社团宣传海报上，在各种学科作业中也广泛存在着。金某的意思并非持反对态度，只是认为这一现象蔓延太广，一些低劣的刻意模仿已经无法吸引眼球。等这些大学生毕业，并逐渐融入社会后，他们还会将"沙雕文化"传播到职场中去。

2014年下半年，一家企划公司的招聘公告一度成为当时的热点话题。题为"沙雕招聘公告"的这则公告由企划运营组长（而非人事负责人）上传至网络，并被登载在多个社区网站和博客上。自然，不少人对此表示异议，认为如此公告很难招来真正优秀的人才，但很多大学毕业生评价说，这种率真的姿态增加了他们对企业的好感和入职的意向。

该招聘公告不仅使用了"신입부하"（新入部下）这种另类叫法，在优先考虑的条件中还写入了"喜欢吃炸猪排、米肠者，最好还喜欢吃咖喱"等怪异要求。业务方面，除了市场营销咨询、广告咨询、顾客管理、营业管理等一般业务，还设有丹田呼吸、R&B灵魂等项目。应聘方法是通过招聘网站在线提交入职申请，需要有心电感应（仅限于可能者）。虽然该公司规模不大，知名度也不高，但通过这种活泼有趣的招聘公告仍然吸引了大量求职者。

马斯洛 —— 自我实现是人的基本需要

美国心理学家亚伯拉罕·马斯洛（Abraham H.Maslow）提出了有名的人类需求层次五大阶段理论（见图 1-1）。这一理论认为，人类的欲望是天生的。根据其强弱和重要性，马斯洛将人类需求像阶梯一样从低到高分为五种层次，同时指出 —— 人必须先满足低层次需求，才可能产生高层次需求。

在五个层次中，前面两个阶段属于身体领域。第一阶段是生理需求，即吃、睡、种族延续等最低层次的需求；第二阶段是对安全的需求，即保护自己不受寒冷、疾病、危险等威胁的需求。另外，为了将

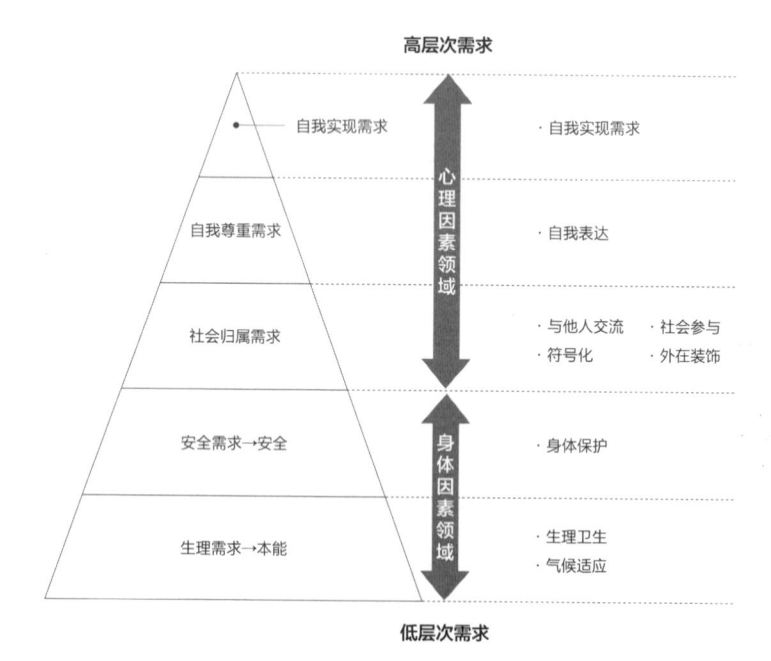

图 1-1　马斯洛的需求层次五大阶段

来进行储蓄也可以说是安全需求的一种表现。

从第三到第五层次属于心理因素领域。第三阶段是对爱和归属的需求，人通过组建家庭或结交朋友，达到归属于某个团体的目的，并在此过程中施与爱和接受爱。第四层次是自我尊重的需求，是作为团体的成员享受名誉或权力的欲望。第五层次是自我实现的需求，是努力发挥个人才能和潜力，使自己越来越成为自己所期望成为的人物。挖掘自身潜力和尽自己最大努力，两者都是自我实现欲求的直接表现。

50多年来，马斯洛的需求层次理论在现代行为科学中一直占有重要地位。韩国国内大学的教育也没有跳出这一理论的框架，在基础课、经营学、心理学、教育学的组织行动或人事管理科目中，都会或多或少地涉及这一理论。

但是大多数人不知道，马斯洛在晚年修正了自己的需求层次理论。最高层次的需求已经不是他早年所说的那种自我实现的需要，而是自我超越的需要，即人具有为比自我更大的目标而献身的需要和自我牺牲的精神。他还指出，之前谈到的自我实现实际上是人最基本的需求。

通过游戏进行自我实现的90后

对于90后来说，马斯洛理论中最基本的生理需求和安全需求已得到保障，衣食无忧的他们将自我实现的快乐视作最基本的需求。

韩国某知名肉店贴出过这样一则广告——"产业革命以后粮食

产量暴增，人类最大的苦恼变成了'今天吃什么？'相信我，最好的答案就是——肉！"看看现代的上班族吧，他们最大的苦恼就是——"今天中午吃什么？"没错，苦恼的重点并不是"吃这个能吃饱吗？"因为我们再也不用担心吃不饱肚子的问题了，要考虑的只是吃什么高兴。而且这种倾向在越年轻的人身上体现得越明显。

最近流行的"吃播"和"美食寻访"节目也是出于同样的背景。所谓的"吃播"是"吃饭直播"的缩略语。演员河正宇在电影《黄海》中津津有味地大吃紫菜的场景给很多观众留下了深刻印象，后来的一些电视节目中演员品尝各种美味食物的镜头也受到欢迎，吃播就这样流行起来了。现在不仅有吃播，还流行各种美食图片，英语中还出现了"Food Porn[①]"这样的词，用来指令人垂涎的食物和刺激食欲的照片。

需要明白的是，年轻人喜欢看美食探访和吃播的行为本身与自我实现需求相一致。老一代尤其不能理解年轻人看着别人在镜头前吃饭，自己也感到满足的事情。但在90后看来，"吃"这种行为已经超越了单纯填饱肚子的目的，而是成了一种游戏，所以看到这样的行为本身也会感到满足。

90后的意识在某种程度上扎根于为满足自我实现而选择的"游戏精神"。对他们来说，比起理念的世界，游戏的世界更重要。当然，他们也和上一代一样，生活在适者生存竞争激烈的世界里，这一事实

[①] 即Food（食物）+Porn（色情片）=Food Porn（美食色情片），形容商家把美食尽力往诱人的方向拍，力图达到观众光看食物都能产生饥饿感的效果。

没有改变。但是,他们与上一代有着不同的需求,追求游戏精神,这些都使他们的世界变得不同。他们认为自己比任何一代人都更加自律,也更加自主。

05　90后的第三个特征：诚实

公务员考试流行的另一个原因

实际上，诚实是亘古流传的普遍价值之一，也是指代新生代的表达方式之一。但是对于90后来说，他们眼中的诚实与老一代的诚实不同。他们所说的"诚实"与性情正直、对某些事实坦率或纯粹的"Honest"不同，而是更接近于"Integrity"，意思是"不分享的、完全状态的、完整的"。他们渴望在政治、社会、经济等所有领域都实现完全的诚实状态，同时认为，所谓的血缘、地缘、学缘都是一种积弊。

之前一直准备去企业就业的全某（1993年生），2018年改变了目标，开始在鹭梁津准备公务员考试。他说，看到媒体爆出的国企和银行界招聘的不正之风，更加坚定了自己的选择。他还说，自己对所谓的公开招聘已失去了信心，像自己这样的普通人想通过诚实的努力实现理想，唯一的途径就是考公务员。

公开招聘是韩国社会采用的主要招聘方式，从国际范围来看不是太常见的聘用形式。在发达国家中，通过大规模公开招聘的方式录用新职员的国家除了韩国以外就只有日本，[44] 美国和德国等国家都是在需要补充人力时随时招聘。很难找到像韩国这样不管工作是否需要，都召集所有应聘者进行笔试的例子。

在韩国最早实行公开招聘的是 1957 年的三星物产公社（现三星集团）。值得一提的是，当时采用这一制度的目标是"排除学缘、地缘、血缘的公正的人事制度"。[45] 意思是说，公开招聘一定要在保证透明的前提下进行。而最近一段时间抬头的聘用腐败现象严重，让 90 后感受到一种相对剥夺感①，同时对公开招聘制度失去了信任。

综上所述，90 后想当公务员的原因有很多，但其中一个重要原因是，对于渴望完全公平的 90 后来说，公务员考试是唯一可以保证公正的公开招聘。由此可以看出，90 后要求的诚实，对象并不只是特定的个人，他们真正渴望的是一套可以保障诚实、公正的系统。

90 后对"学综"深恶痛绝的原因

让我们短暂地回顾一下 2018 年考生和家长们纷纷议论的"首尔 S 女子高中双胞胎全校第一"事件。2018 年 7 月中旬进行的 S 女子高中二年级第一学期期末考试中，拥有批卷及打分权限的学校教务部部长（系该校美术教师）的两个女儿，同时也是二年级文理科在校生

---

① 相对剥夺感（Relative deprivation），指当人们将自己的处境与某种标准或某种参照物相比较时，假如发现自己处于劣势，便会感受到一种受剥夺感，并随之产生愤怒、怨恨或不满等消极情绪。

的双胞胎姐妹并列全校第一名。事件的核心问题是当事人教务部部长是否向自己的双胞胎女儿泄露了考题。但在年青一代对该事件感到愤怒的背后,是一种叫作"学生簿综合选拔"(以下简称"学综")的高考录取方式。

该制度的原名是"入学综合选拔制",旨在修改以高考为主的高考制度,同时激活公共教育,于2007年首次实行。但是随着在学校外部滥发奖项等腐败现象的发生,2013年这一制度更改了名称,并将考察内容限制在高中教育课程以内,禁止记入校外获奖成绩。[46] 可紧接着,一线高中又开始在校内举办各种比赛,舞弊之风死灰复燃。据某国会议员发表的《2016年各高中校内奖项授予现状》显示,有的学校(全国共5所)一年之内没有举行过任何校内比赛,但某些学校一年却举行了224次写作或英语论述等比赛,并授予学生奖项,校际差异大。京畿道某高中在2017年共举办了104次校内比赛,6364人获奖,创下最高纪录。另外还出现了父母介入的现象,有一些身为教授的父母甚至在自己的论文上加上了子女的名字。"学综"制度的初衷已经变味,有人把"学综"称作"暗黑考试""博彩考试",甚至还有人说这是现代版"荫叙制①"。

如此,学综制虽然存在不少问题,但目前仍在继续实行。以首尔大学为代表的名牌大学仍然倾向于通过这种方式选拔考生。2019学年度,每4名大学新生中就有1人(24.4%)是通过学综制度入学

---

① 荫叙制:高丽、朝鲜时代,功臣或前任、现任高官子弟可以不参加科举考试而直接做官的制度。

的。为此，很多考生呼吁 100% 以大学入学考试成绩为主，同时呼吁"废除学综录取"。原因有两个：首先，对学综制度本身丧失了信任；其次，这种制度只对部分人有利。对他们来说，如果一种替代方案不能实现完全的公平，那还不如没有。

信任的体系化

2017 年，在韩国掀起数字货币风潮的比特币，其历史渊源可以追溯到 2008 年的美国金融危机。简而言之，比特币的产生源于对中央发行的法定货币和金融体系的不信任。为了解决美国的金融危机，美联储实施了大规模的量化宽松政策。

但中本聪（Satoshi Nakamoto）认为，当时唯一可以提供美元的联邦储备银行已不值得信赖，他在 2008 年 10 月通过发布比特币白皮书《比特币：一种点对点的电子现金系统》，将这种去中心化的数字货币公之于世。

由于围绕比特币引发的一系列非议，作为比特币核心技术的区块链（Blockchain）也蒙上了贬义色彩，但是区块链技术代表着"不会遭受黑客攻击或暗箱操作的信赖"，正因如此，它又被称为"真理机器"（Truth Machine）。[47] 由于中心化的技术或财货、服务随时可能被操纵，从而丧失信任，所以依赖高度分散的信息和验证网络的区块链技术备受瞩目。

当然，此处讨论的重点不是比特币风波或第四次产业革命。我们应该思考的是，新生代想要通过区域性链条技术获得何种价值。在

90后看来，正直和信赖不应只停留在口头上，还必须明文规定或强制执行。也就是说，他们希望实现的是"信任的体系化"。

前面提到的"首尔S女子高中双胞胎全校第一"事件中，舆论除了要求"对教务部部长和其子女给予应有的处罚"外，还要求"构筑值得信赖的体系"，即杜绝教师和其子女同在一所学校的现象。毕竟高丽和朝鲜时代就有类似的"相避制"，制度规定，近亲不能在同一个官府任职，官员不可在老家做官。

今后，这种对于信任体系化的呼声还会越来越高，其范围也将超越升学和就业，向社会全方位扩大。最近在奥运会和世界杯等大型体育活动中，选拔选手时不时冒出"关系网"丑闻。要想保证选拔选手的公正性，必须建立信任体系。这就要求对所有选手进行完整详尽的记录和数据统计，寻找大家都认可的选拔方式。

另外，信任的体系化正在创造新的商业机会。例如，房地产交易中值得信赖的指数不是"我想以这个价格卖掉房子"或"我想出多少钱买下这座房子"之类的叫价，而是实际交易价格。名为"호갱노노"（好坑NoNo）的应用软件便是以实际交易价格为参考数据打造的房产交易平台。它打出"买房不当冤大头"的口号，以解决虚假销售给用户带来的不便为宗旨，为购房者提供房产服务。"好坑NoNo"之所以能在"Naver房产""직방"（直房）、"다방"（多房）等众多强有力的房产App中独占鳌头，正是得益于这些高信赖度的数据（2018年4月，"好坑NoNo"被"直房"并购）。

另外，意为"解析化妆品"的手机应用软件"解化"可以告诉用户在韩国上市的所有化妆品的产品信息，以及化妆品中包含的所有成分。只要在搜索栏输入产品名称进行搜索，就可以知道该产品所含成分和安全度，尤其是20种需要严加注意的成分以及容易诱发过敏的成分。借此，"解化"一跃成为最受年轻人欢迎的应用软件之一，同时也成为总下载量高达600万次、月使用者达120万人次的韩国国内最大化妆品信息平台。买化妆品之前一定要先看"解化"的大学生尹某（1996年生）表示："以前用化妆品的时候，即使出现皮肤问题也不知道确切的原因，只能单纯地相信品牌，然后盲目购买。现在能掌握有关化妆品的准确信息了，买的时候可以更放心。另外，买之前还可以参考其他消费者的评价，这一点也很好。"

当然，上述几款应用软件能否一直得到消费者的喜爱，还有待时间验证。但难以否认的是，重视并正视90后所要求的绝对诚实，已成为获得商业成功的一个关键点。

抓住真实的瞬间

90后的最后一个特点就是"诚实"。从古至今，"诚实"一直是用来指称新生代的最常见的词语之一。只是，90后的"诚实"与前几代人的"诚实"的范畴不同。对90后而言，"诚实"不仅指自身的坦诚，还包括别人的诚实。例如，雇用本人的企业或销售消费品的企业如果表现出不够坦诚，就无法得到90后的认可。

"CEO如果想让企业上下都听自己的话，首先自身要做到言行合一。如果自己说过可以随意休假，那么就要允许员工休假；如果对部下说过'在我面前可以抽烟'，那么开会时就要容许对方当着自己的面抽烟，不可以暗示对方——'你怎么那么没眼力见儿？！'"

——现代信用卡投资社长郑泰永（音）访谈稿

营销用语中有一个词叫"MOT"（Moment of Truth），意为"关键时刻"，指消费者接触到企业商品和服务的时间点，即营业和交流现场中面对面相互交流的时刻。从上面的采访中可以看出，郑泰永社长也意识到了现在的年轻人越来越重视真实的瞬间的事实。他指出："所谓企业信任，就是不能说谎。"所以，如果企业的管理人员允许大家在开会的时候畅所欲言，那么今后就应该保护这种积极性。

在金融公司上班的新职员李某（1991年生）说，最近开会时对上司感到很失望。上司的绰号是"广播"，意思是上司就像24小时不间断地进行直播的广播一样，每天说个不停。问题是上司不仅话多，而且每次开会的时候他都会说"以后我少说点，多给你们一些发言的机会"。但是，他永远只热衷于说自己的，根本不听别人讲话。更无语的是，前辈们早就适应了这种氛围。她说因为这件事，她对整个公司的信任度也下降了。

如李某所说，在韩国的一些组织中，很多上司比起听别人讲话，更喜欢自己发言，而且越是身居高位的人越是如此。也许他们太陶醉于本人的成功，认为自己的话比别人的更正确吧。

企业外部的情况也是一样，现在光靠企业广告已经行不通了。以前，大部分求职者都是冲着公司的声望或口碑来应聘，但现在90后求职时不会仅看公司的广告或媒体宣传。

美国有一个有名的就业信息网站"玻璃门"（Glassdoor），韩国也有类似的企业信息共享平台"Jobplanet"。和"玻璃门"一样，诞生于2014年4月的Jobplanet对全体成员实行匿名处理，以方便所有的前任、现任职员发表真实的公司评价。评价指标包括升职机会、福利及工资待遇、业务和生活的平衡情况、公司文化、管理层评价等。只要注册基本的个人信息，任何人都可以在此发表评论，同时对企业的组织文化、福利水平、公司优缺点等以5星评分的形式进行评价。具体的操作形式与维基百科有些相似。因为是匿名，为了防止评论作假，网站也采取了相应的措施，会员发现疑似虚假的评价可以进行举报。另外个人发表评论时也要遵守一定的条件，即评价时要兼顾优点、缺点两方面，不能说脏话或明指公司内部特定人员。如果不符合上述条件，编辑的文字将无法发出。两位联合创始人尹申根（音）、黄熙胜（音）对创建该网站的背景做出了如下介绍：

"因为负责多家公司，至今我们参加的职员招聘已经超过2万人次了。虽然花费了很多时间和精力去选拔人才，但经常会出现因为人才与公司不够匹配，最终走人的情况，这是因为求职者事前没能获得足够的信息进行参考。所以我想，能不能把大家的经验全部集中起来，让求职者可以共享公司各方面的信息呢？"

在信息的洪流中，只有透明的信息才能最终存活下来。今后，公司也要慢慢卸下化着浓妆的华丽面具，同时公开自己的优点和缺点，接受求职者的选择。

求职者评价面试官的时代

在激烈的入职竞争中，被评价的一方不再只是求职者，接受面试的公司也逐渐开始被求职者进行评价。2014年，Jobplanet发表了《求职者面试评价最好的企业20强》名单，求职者就面试官的态度、企业氛围、面试难度等问题发表了意见，并公开了评分结果。在这类调查结果的发表过程中，甲方和乙方的位置对调固然引人注目，但更值得关注的是，面试内容如实公开的时代已经到来。

以前，很多面试官都不允许将面试结果上传到网络，如果面试者上传了，有时还会受到取消入职的威胁。但进入应用软件时代后，面试评价变得公开透明，这种恐吓慢慢失去了作用。现在企业要做的就是根据新的变化，在真实反馈的基础上，努力改善面试中存在的问题。

在这种形势下，风行一时的"压力面试"也逐渐消失了。压力面试是指对求职者针对某一问题连续发问，或有意图地施加压力，以了解求职者对压力的承受能力、面对压力时的应变能力和人际关系能力。但是在韩国，压力面试过程中经常发生面试官对求职者进行嘲讽、谩骂等侮辱人格的情况，这样的压力面试已经彻底变质。

经调查发现，2016年求职过程中参加面试的求职者有33.9%经历过压力面试。其中47.5%的求职者表示"面试结束后，对企业的印象变差了"。[48]当压力面试偏离了最初的意图，悄悄变质为欺压凌辱，必然受到90后求职大军的抵抗。

近来，以自我介绍书等为基础的"结构化面试"渐渐取代了压力面试，成为面试方式中的主流。尤其是不看求职者履历，只通过基本身份信息和求职者自我介绍进行考核的"盲面"越来越多，这种结构化面试被认为是一种非常高效的面试方式。在2017年的求职中同时经历了压力面试和结构化面试的金某（1992年生）如是说：

"我参加过一家大企业的名为潜力面试的结构化面试，被连续问了很多用于考察个人潜力的问题，所以比起在其他企业接受的压力面试，实际上压力更大。但是这种压力并没有让我心情变坏。唯一感到困难的地方在于，既然要考察个人潜力，那么一切都必须如实回答。但是，在其他企业中进行的压力面试过于在私人问题上揪住小辫子不放，以至于我对那家企业的印象变得差极了。"

面试分数透明的时代已来临

根据了解，应聘者对企业还有一个较大的意见，就是应聘公司大多不会给出面试结果反馈。大多数求职者都希望了解自己在面试中落选的原因，但实际得到反馈的情况只有1/10左右。人力资源网站Saramin以2018年面试中被淘汰的379名求职者为研究对象，就"是否希望得到落选理由的意见反馈"进行了调查，结果83.1%的人回答"希望"。理由当中，"为了积累面试经验"（62.9%，多项选择）的人最多，接下来分别是"为了今后弥补不足之处"（56.8%）、"知道了落选原因会更容易接受被淘汰的事实"（44.1%）、"认为面试者拥有知情权"（34.3%）。[49] 但是，这些人当中接到落选理由反馈的只有13.5%。其中，"单纯为安慰性文字"（54.9%，多选）的最多,再一个是"对落选原因进行了说明"(49%)、"只通知了面试中各项的分数"(3.9%)等。

目前,已经有企业开始向求职者公开面试成绩,乐天便是其中的代表。对于面试不合格者,企业会告知面试中的各项分数,同时会给出意见。包括个人潜力面试、PT 面试①、讨论面试、负责人面试等各部分的面试分数都会被输入表格,然后通过邮件发送给求职者。此举可以帮助应聘者进一步分析自己的优点和弱点。相关人士表示:"这种做法在 2014 年下半年新职员公开招聘中被企业首次引进实行,应聘者在了解到自身的欠缺后,今后便可以有针对性地加强这部分的练习,因此受到了应聘者的一致推崇。"[50]

如此,乐天集团的人事系统在就业生当中受到了广泛好评。曾在 2017 年下半年的公开招聘中应聘乐天集团某子公司,但在面试阶段被淘汰的金某说:"乐天和别的企业不一样,它告诉了我没被录用的原因,这样的反馈让我对这个公司顿生好感。"这种对定量评价结果的反馈有助于求职者的自我完善,同时也有助于提升企业形象。

"正义杠精"和"职业杠精"

韩语中的"불편러"(杠精)是一个新造词,指那些喜欢表达各种不满的人。随着个人权利意识和认知水平的提高,人们逐渐意识

---

① 即 Presentation 面试,要求应聘者根据某一话题进行现场演讲,以测试应聘者的问题分析能力、表达能力和临场反应能力。

到，过去一些不被视为问题的事情其实大有问题。随着大众可以自由发表意见的网络技术的发展，各种讨论和批评也活跃起来，其中的主力军便是90后。就这样，很多在以前不成问题的问题，现在也成了大家热议的话题。

举个例子，最近仁川发生了一起室内迪斯科转盘DJ因涉嫌性骚扰被警方传唤的事件，两名DJ涉嫌对去坐迪斯科转盘的中学生进行性骚扰。实际上，坐在旋转的圆形迪斯科转盘上的乐趣就在于DJ向客人抛出的各种插科打诨。但有些时候，一些DJ的发言尺度很大。以往人们对黄段子一般都比较宽容，现在被视为性骚扰的出格言论在十几年前通常只被视为开玩笑或恶作剧。

但是，现在的年轻人已经不能容忍这种言语上的冒犯，如果情况确实严重，可能还会要求给予法律上的处罚。如果在10年前，可能有人会嘲笑道："开个玩笑而已，那么紧张干什么？"但现在大多数人的反应更倾向于"这是对社会不当行为的正当抵制"。

现在的90后如果看到社会不合理和不公正的现象，会果断地发出声音。一些人希望通过制造新闻来引起人们注意，从而达到改造社会的目的，他们被称为"正义杠精"，意思是用正义的触角发现问题、解决问题的人。另外还出现了"职业杠精"的说法，这些人总是脱离社会常理，故意夸大或歪曲一些毫无意义的事情或现象，引发舆论争议，占用公共资源。但是，专栏作家魏根雨在《职业杠精日记》中这样说过，"这世界上所有的'事儿'都不应该被忽视"，同时他认为，所谓的"职业杠精"是"对那些最看不得身边一切不合理、不公正事情的人的褒义称呼"。那么，这种职业杠精的出现是韩国特有的现象吗?

在美国,年轻人当中最近流行着"情绪损伤"(Emotional injury)一词。他们认为,情绪上的损伤和身体上的暴力是一样的。[51] 而且身体上的暴力可以预防,但是语言是通过听觉进行传播的,因而情绪上的伤害更难以阻止,也更危险。2015年10月,耶鲁大学曾警告学生不要穿可能令其他人不快的万圣节服装,一位大学教授还坦言:"很多教授因为担心自己的讲义中包含令人不快的资料,会被学生抗议而被解雇,所以修改了自己的讲义。"像这样,包括韩国的90后在内的全世界很多年轻人都认为,假如某项事物已经危及了本人安全,那么就有必要进行抵制,而且他们也正在这样做。美国世代研究专家杰恩·特文奇(Jean Twenge)表示,美国20岁出头的千禧一代总是希望获得安全感,他们非常不愿意产生情绪上的波动。特文奇建议,不能将提出不满的学生说成是孩子气,而是应该具体判断该问题是否合理,并采取适当的应对措施。

对社会不合理现象和极发声的"杠精"越来越多,这是非常正面的现象。我认为,应该保护这种正义的敏感性。但是,如果过于宣扬对于某一事物的负面论调,或强迫他人同意自己的观点,就和倚老卖老没什么区别了,那样就不是"职业杠精",而是"腹黑杠精"(블랙불편러)了。

注释

1 崔美郎,《青少年选择职业时,比起"收入",更重视"稳定"》,《京乡新闻》,2018.1.13.

2 崔熙石、罗贤俊,《有理由的公务员考试热潮——低工资时代已经过去,如今待遇丰厚》,《每日经济》,2018.4.5.

3 齐格蒙特·鲍曼、里卡多·马泽奥,《齐格蒙德·鲍曼:我眼中的消费社会与教育》,玄岩社,2016,p.93.

4 崔志勇,《修完会计学才能毕业?斗山:"我不知道大学为何物"》,*Ohmynews*,2011.3.19.

5 韩慧兰,《企业招聘新职员时最看重的是"经验"》,《联合新闻》,2014.8.6.

6 张康明,《当选,合格,阶级》,民音社,2018,p.70.

7 林智勋,《下半年招聘,每2家企业中就有1家"希望招聘理工科人才"》,《世界日报》,2018.9.6.

8 《2017年家庭金融福利调查》，统计厅·韩国银行·金融监督院共同发表资料，2017.12.

9 金稻葵，《与其当大学毕业的无业游民，不如做"公等"！》，韩国《中央日报》，2016.3.12.

10 文有锡，《个人主义者宣言》，文学村，2015，p.118.

11 Martin Kohli, Die Institutionalisierung des Lebenslaufs：Historische Befunde und theoretische Argumente. Kölner Zeitschriftfür Soziologie und Sozialpsychologie 37（1985），全相镇，《世代游戏》，文学与知性社，2018，p.43. 二次引用.

12 卡尔·曼海姆，《世代问题》，书世界，2013，p.58.

13 韩英仁，《"世代论"结束了》，《韩国日报》，2014.1.16.

14 "The MetLife Study of Gen X：The MTV Generation Moves into Mid-Life"，MetLife Mature Market Instiute，2013.4.

15 全成浩，《像跳跃的橄榄球一样的X世代》，《20～30岁群体的特点》，生活出版社，2006，p.45.

16 赵龙俊，《新的一代开始发言》，《时事杂志》，1994.5.5.

17 全成浩，《新千年时代的主角Y世代》，《20～30岁群体的特点》，生活出版社，2006，p.59.

18 安昭英，《"千禧一代"作为主要消费群体正在崛起……美国零售企业为20～30岁人群提供量身定做服务》，《朝鲜商务》，2017.10.10.

19 "Demographic Profile–America's Gen Y"，MetLife，2009. Retrieved，2016.6.9.

20 Michael Dimock, "Defining generations：Where Millennials end and

postMillennials begin", Pew Research Center, 2018.3.1.

21　Juliet Lapidos, "Wait, What, I'm a Millennial?", *The New York Times*, 2015.2.4.

22　赵昌完,《中国用来划分世代的×零后是什么?》, *Ohmynews*, 2014.6.25.

23　柳镇锡,《了解成年后的"小皇帝"才能打开中国市场》, 三星经济研究所, 2013.9.

24　权五恩,《90后主要消费模式的特征及启示》, 对外经济政策研究院, 2016.2.29.

25　洪灿盛,《要进军中国消费市场,先拿下90后》, *Moneytoday*, 2012.7.

26　郑恩地,《中国的90后消费者,聪明?麻烦?》,《新闻1》, 2014.4.27.

27　杨正大,《中国公务员考试最高竞争率——2666∶1》,《韩国日报》, 2017.11.12.

28　李沧求,《二考·三考"NO",不当公务员也"OK"……中国没有公试族》,《首尔新闻》, 2016.11.18.

29　全在权、朴正贤,《北京、上海、首尔20～30岁人群价值观比较》, *LG Business Insight*, 2015.7.8.

30　李妍珠,《在韩国最受欢迎的公务员,在美国却……》,《朝鲜日报》, 2016.8.5.

31　李基勋,《青年啊青年啊我们的青年啊》, 石枕, 2014, p.14.

32　齐格蒙德·鲍曼、里卡多·马泽奥,《齐格蒙德·鲍曼:我眼中的消费社会与教育》, 玄岩社, 2016, p.71. 全相镇,《世代游戏》, 文学与知性社，2018，p.82. 二次引用.

33 Margaret Mead，*Culture and Commitment：A Study of the Generation Gap*，Natural History Press，1970，p.87.

34 金周完，《风云人物蔡贤国》，*Peoplesbooks*，2015，p.165.

35 李勇，《儿童生活语言正在变得粗鄙》，《京乡新闻》，1984.5.14.

36 《首尔启星学校高成柱教师国校儿童隐语调查》，《东亚日报》，1983.9.30.

37 金亨基，《他们的暗号，10~20岁人群的隐语》，《京乡新闻》，1999.7.20.

38 孙静雅、郑智媛，《教授，您知道多少新造词？》，《德成女子大学报》，2017.9.18.

39 宋慧珍，《缩略语泛滥的时代……"啥都能省"》，《朝鲜日报》，2017.3.18.

40 白承灿，《3分钟可读的小小说服务上线》，《京乡新闻》，2017.10.16.

41 "起承转傻"，Naver"知识人"开放国语词典。

42 朴炯载，《三个关键词：YouTube，influence，millennium……》，*The Peal*，2018.10.12.

43 金泰均，《树维基十年——用幽默培养的杂学知识之林》，《联合新闻》，2017.3.13.

44 《韩美日德企业的招聘体系比较与启示》，大韩商工会议所，2013.5.

45 李钟九、金弘儒，《关于三星公开招聘的展开过程和韩国就业文化贡献度分析的探索研究》，《企业经营研究》Vol.31，2009.

46 尹锡万，《"学综"是怎么变成怪物的？》，韩国《中央日报》，2018.5.17.

47 迈克尔·J.凯西（Michael J. Casey）、保罗·维格纳（Paul Vigna）著，刘显宰、金智妍译，《区块链：赋能万物的事实机器》，未来之窗，2018，p.22.

48 申承熙,《面试压力经历者:企业印象变差了不止两倍》,*Veritas*,2017.1.13.

49 孙锡镐,《为什么83%的求职者过不了面试关?》,《庆北日报》,2018.5.24.

50 李宝培,《乐天对未通过面试者给予面试情况反馈,体现企业人文关怀受好评》,*New Daily*,2017.6.8.

51 杰恩·特文奇著,金贤正译,《i世代报告(iGen)》,《每日经济》,2018,p.256.

第二部 当90后成为职场下属

01　90后，他们来了

面对 90 后，企业束手无策

在一家创业公司担任财务主管的金课长（1981 年生）对新入职的财务部郑姓职员（1992 年生）很不满意。郑姓职员几乎每天踩着上班时间 8 点 30 分到公司，金课长特意找到他，并且嘱咐说，8 点 30 分不是上班的时间，而是开始工作的时间，今后至少要早来 10 分钟，这是基本的礼仪。对方听到这番话后做出的回答让金课长目瞪口呆。

"来早了又不多给钱，我为什么要比规定的时间来得更早呢？如果早来 10 分钟比较有礼貌，那么我可不可以在下班前 10 分钟就关掉电脑，然后在公司门口等着下班呢？"

90 后所在的企业中经常出现这种矛盾，公司内部的匿名留言板也不断能看到这类苦恼的留言。事实上，这只是企业内部爆发的众多代际矛盾中的一个例子。很多企业从 2012 年起已经开始大量招聘 90 后员工，但目前很少有企业出台专门的政策对待 90 后。大多数企业管理者虽然知道 90 后和老一代之间存在不少差异，但要么还没有认识到这一问题的重要性，要么还没有确切把握个中原因。但是，问题已经开始出现。

摆在企业面前的最大问题已经非常明显，即如何引导职场新人迅速融入组织，同时创造出他们独有的价值。代际差异所引发的管理方式的变化将比管理 80 后的时候更为显著。如果必须接纳 90 后，那就应该认真了解问题、发现问题，寻找解决的方法。

对一个组织来说，"人事即万事"。一个组织要想达到创造最大价值的目的并具备竞争力，就必须确保能够创造价值的人各就各位。不管是经营战略、技术还是系统，都离不开人才。因为制定战略靠人，实行战略也要靠人，这也是任何组织都强调人才重要性的原因所在。可以这样说，商业的成败最终取决于如何用人。今后商业战场上的主力军就是 90 后，因此，往后商业的成败将取决于是否了解和如何运用他们。

权力已经从企业手中转移到个人身上

现在，企业必须明白一个事实，那就是权力已经从企业手中转移到了个人身上。与以往不同的是，目前，有才能的个人在工作中获得了一定的话语权，用来要求企业满足个人的要求和期望。这对于个人来说是个好消息，但对于需要从一个崭新的群体中物色最佳人才的公司来说，这无疑是一个难题。因为要想获得各方面都优秀的员工，需要比以前更加努力。彼得·卡佩里（Peter Cappelli）在1999年发行的《职场新契约关系》（*The New Deal at Work*）一书中这样说过：

"长期的契约关系和长期的奉献承诺明显已经被打破，但雇主们无法操控新的契约关系，他们不知道怎样才能从雇员那里收回合同关系的控制力和责任，因而处于尴尬境地。"

从中我们可以得到的启示是，优秀的人才管理是竞争中必不可少的一环。能吸引、开发和激活人才的企业才能充分获得稀缺资源，让成果加倍。

面对人才大战，企业要采用更强有力、更复杂的人才管理方式。今后10年间，新型人才管理领域将取得不亚于20世纪60年代营销领域的进步，以及80年代品质管理领域的进步。必须明白，我们已经不能用老眼光去看待和评价眼前的这一代年轻人了，新型的人才管理方式势在必行。

要想在竞争中生存下来，仅靠有能力的人才还不够，还应该树立长远目标，提出并实行正确的战略和企划。同时，鼓励、整顿全员力量，争取集体成果最大化。

中国的马云："要相信年轻人！"

马云，1964年出生于中国杭州，从杭州师范学院（现杭州师范大学）毕业后，在杭州电子工业学院（现杭州电子科技大学）教书。1992年，28岁的马云成立了杭州第一家翻译公司——海博翻译社，它在后来成长为杭州最大的翻译公司。1995年，马云参观了西雅图一个朋友的网络公司，在那里第一次接触到互联网，直觉告诉他，互联网在未来存在着巨大的可能和无限的价值。回国后，他立刻着手创办中国首个商务信息网站"中国黄页"（China Yellow Page），虽然没有获得太大的成功，但几年后他创建的阿里巴巴可谓举世瞩目。[1]

2015年，阿里巴巴创下了网络总交易量3980亿美元的纪录，远远超过了2256亿美元的亚马逊。阿里巴巴独占了全球电子商务市场26%的份额，成为全球最大的网上购物平台。根据2017年的《福布斯》调查，马云的资产约达43兆韩元①，成为中国首屈一指的富豪。

马云认为自己成功的秘诀就在于对中国和网络商业的未来以及对年青一代的信任。他说："阿里巴巴是一家在信任的基础上成长起来的公司。""SARS（非典）在中国最危险的时候，所有人都没有信心。但是阿里的年轻人相信10年以后的中国会更好，10年以后电子商务会在中国受到更多人的关注。"马云还说："在开始创业的时候，谁都没有想到有人会给素不相识的人寄钱，在几千公里以外的地方买自己从未见过的东西。但是现在，人们互相信任，淘宝上一天能达成几千万次的交易，这说明其中有着几千万次的信任。"[2]

2014年9月19日，商业界发生了一件划时代的事件。阿里巴巴

---

① 1韩元≈0.0057元人民币。

在美国纽约证券交易所上市的第一天股价就开始暴涨,市价总额位居第二位(2314亿美元),成为仅次于谷歌(4061亿美元)的世界第二大互联网公司。值得关注的是,在如此历史性的上市活动中,敲响交易大钟的并不是马云,而是来自阿里生态系统的8名用户,马云希望把这个光荣的舞台让给年轻人。他在2019年主动辞去董事局主席时也曾表示:"相信未来,就要相信年轻人!"

似乎是为了证明这种信念,马云向来善于通过各种人事制度来鼓励沟通和横向文化。最具代表性的例子就是,他认为网络时代需要年轻的感觉,因此将高管人员的年龄段一直维持在30～40岁。在阿里巴巴集团的管理层中,70后占45%,80后占52%,阿里巴巴集团CEO张勇出生于1972年,此外,60后仅占3%。关于中国的80后和90后等新生代,他曾说:"很多人都说80后不行,90后不行,这个世界上孩子们出了什么问题?我觉得他们没有出问题,是我们出问题了。80后、90后既然承载着我们的未来,我们就要相信和支持他们。"另外,阿里巴巴从创业初期的2003年开始,坚持为所有岗位接班人提供研修活动,且人事评价中包含了"团队合作"和"价值观"两项,这是为了防止员工因侧重于销售、营业利润等经营成果而难以融入组织文化的情况发生。[3]

各国企业家:企业的未来取决于年青一代

对新生代持肯定态度的并非只有马云。不少活跃在中国一线的企业家都已经意识到,企业的未来取决于年轻人。中国电子产品制造企业小米的创始人雷军这样评价90后:"90后的自我意识很强,喜欢张扬自己的个性。他们对未来充满信心，关注自我，因此极富创意和革新精神，他们那惊人的想象力往往是外部力量难以约束的。"曾担任全球企业欧莱雅中国首席执行官的保罗·加斯帕里尼（Paolo Gasparrini）也说过："（最近的年轻人）创新性很强，而且非常坦率。他们能够非常认真地完成一个业务。"

当然，并不是只有中国重视新生代。1999年，被称为世界首富的前微软公司总裁比尔·盖茨通过比尔&梅琳达·盖茨基金会（Bill&Melinda Gates Foundation）设立了盖茨千年奖学金计划（The Gates Millennium Scholarship Program），每年给超过1000名学生提供资助，以致力于发掘和培养年轻领袖。盖茨对于因经济困难而无法实现梦想的优秀学生感到非常遗憾，为发掘和援助这些能够开拓美国未来的人才，他成立了基金会，捐款10多亿美元，还积极为此进行筹资。

众所周知，盖茨非常关注千禧一代。2018年，他在推特上说："千禧一代渴望改变世界。"他还说，虽然这些年轻人经常被嘲弄懒惰，对细节狂热，但他们渴望变化，且拥有强大的变化力量，我们应该为他们加油。[4]

脸书的CEO马克·扎克伯格本身便是千禧一代。在哈佛大学2017届学生的毕业典礼上，扎克伯格回到母校做了演讲，他说："我们都是千禧一代，我在这里想要告诉你们的是，找到使命感还不够。对于我们这代人来说，最大的挑战是创造人人都有使命感的世界。"他还说，千禧一代应该超越自己，帮助全世界所有人创造使命感意识，建立全球性社区。

但是，韩国国内企业的经营者是否真正关心新生代呢？他们真的认为这是一个重要的问题吗？包括经营者在内的年长管理者们并没有太把年轻人当回事。相反，有时他们还会刻意回避问题。现在，是时候好好反思一下了。毕竟管理好新生代下属的出发点只能是深层的理解和信任。

政府引导年轻人到中小企业就业

让我们先冷静地审视一下目前的就业现实吧。首先，虽然韩国的个体经营者非常多，但大部分就业人员是在公司拿工资的工薪阶层。以 2017 年为准，在 2672 万名就业人员中，75% 属于雇佣劳动者，而且其中大部分在中小企业工作。2015 年，韩国中小企业约有 360 万家，占所有经济实体的 99.9%。也就是说，韩国的企业大部分都是中小企业。

中小企业的从业人员总数为 1513 万名，占从业人员总数的 90.2%。[5] 当然，这是以企业数量为基准进行的统计，如果以经济实体为单位进行分析的话，其比重会降到 80% 出头。[6] 重要的是，无论是哪种统计方式，其结果均表明——大多数人是在中小企业工作。而很多长辈在谈到青年失业问题时总说："如今的年轻人都希望进大企业。"那么，青年们真的只希望进大企业工作吗？

根据教育部和韩国职业能力开发院 2017 年 12 月发布的《2017 年大学前途教育现状调查结果》表明，最受本科生欢迎的就业岗位排在第一位的是公务员和教师（23.6%），第二位是公共机关和国企

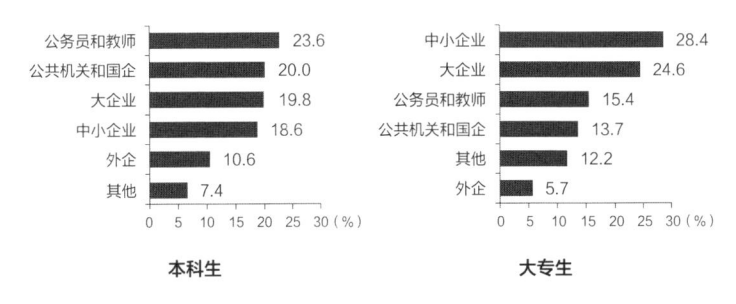

本科生		大专生	
公务员和教师	23.6	中小企业	28.4
公共机关和国企	20.0	大企业	24.6
大企业	19.8	公务员和教师	15.4
中小企业	18.6	公共机关和国企	13.7
外企	10.6	其他	12.2
其他	7.4	外企	5.7

图 2-1　2017 年大学生求职热门职位（所有年级的平均数）[7]

（20.0%），其后的大企业（19.8%）和中小企业（18.6%）所占比重相当。而大专生最希望去的单位排在第一位的是中小企业（28.4%），而非大企业（24.6%）（见图 2-1）。

但是，真正就业以后的情况如何呢？根据韩国经营者总协会发布的"2016 年新进员工录用情况调查"，大学毕业的新员工一年内的辞职率为 27.7%。也就是说，即使艰难地通过"就业地狱"，一年之内会有 1/4 左右的人离开公司。以前流行"李太白"（이태백，20 多岁的人大多数是无业游民）之说，现在则变成了"李退白"（이퇴백，20 多岁便主动放弃工作的无业游民）。

值得注意的是，300 人以上企业的辞职率由原来的 11.3% 降至 9.4%，而 300 人以下企业的辞职率从 31.6% 增加到了 32.5%。受 300 人以下企业辞职率增加的影响，员工早期离职率的整体趋势持续走高。而 2014 年的调查结果显示，当时 300 人以下企业一年之内的离职率为 31.6%，远远高出了 300 人以上企业的 11.3%，但现在，两者之间的差距进一步拉大了。

新员工入职一年内辞职的原因当中，首先"不能很好地适应集体和职务（49.1%）"最高，其次是"不满意工资、福利（20.0%）"和"不满意工作地区和工作环境（15.9%）"。值得注意的是，"不能很好地适应集体和职务"的回答比率与2014年相比有所上升，而"不满意工资、福利"和"不满意工作地区和工作环境"的比率则有所下降。但是，他们辞职的理由真的是"不能很好地适应集体和职务"吗？

根据2017年Job Korea的相关调查，员工的实际辞职原因之一可能在于年薪太低。因为中小企业的平均年薪一般比大企业低得多。以2017年为例，中小企业和大企业的平均年薪足足相差1332万韩元（见图2-2）。意识到大企业和中小企业的年薪差距成为妨碍青年就业的主要问题后，韩国政府在2018年3月的"青年就业对策报告大会暨第五次就业岗位委员会"上发表的《青年就业政策》中规定，青年在中小、中坚企业就业时，最多可从政府得到1035万韩元的补贴，以帮助就业人员获得接近大企业起薪的实际收入。

2017大学毕业生平均年薪（单位：万韩元）

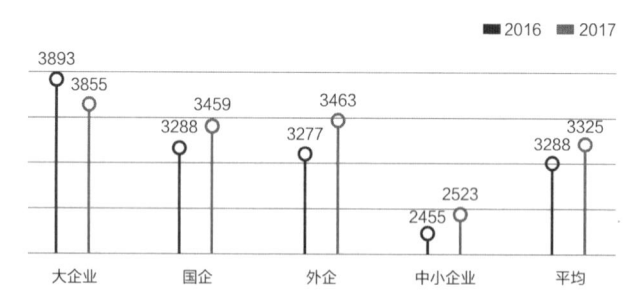

■2016 ■2017

	大企业	国企	外企	中小企业	平均
2016	3893	3288	3277	2455	3288
2017	3855	3459	3463	2523	3325

图2-2 以576名20～40岁上班族为对象进行的问卷调查结果[8]

资料来源：Job Korea

另外，"青年明日保障基金"①的规模也扩大了近一倍。根据这项制度，在中小、中坚企业就业的青年只要工作满 3 年，本人和企业分别缴满 600 万韩元，政府缴满 1800 万韩元，3 年后他们共可获得 3000 万韩元的绩效补贴，且 5 年内全额免除所得税，租房补贴享受低利率（1.2%）贷款，交通条件恶劣的产业园区工作者每月可获 5 万韩元的交通补助。政府介绍，产业园区内的中小企业从业人员最高可增加 1035 万韩元的实际收入。目前中小企业大学毕业生的年薪起薪为 2500 万韩元，加上政府的补贴后，将提高到和大企业的大学毕业生平均起薪 3800 万韩元持平的标准。此外，政府还进一步加强了对中小企业的直接资助。之前的"2+1 雇佣促进制度"规定，中小企业每新录用 3 名青年，政府将持续 3 年代为支付相应工资的 1/3。现在，根据企业规模，政府决定将资助范围扩大到每新录用 1 名青年便可适用于这项制度。⁹ 那么，韩国的青年们对这些政策的实际反响又是怎样的呢？

"没有人会因为中小企业的工资比大企业高就选择去中小企业。政府单纯地认为只要将中小企业的工资提高到和大企业持平的水平，

---

① 为鼓励年轻人在中小、中坚企业长期工作，由韩国雇佣劳动部和中小风险企业部共同运营的一项制度，只有 3 年平均销售额不足 3000 亿韩元的中小、中坚企业的青年员工才能申请加入（月薪在 350 万韩元以下者）。这项制度规定：青年、企业和政府按期共同缴存一定的扣除，期满后青年员工将获得高额绩效补助。基金分为"2 年型"和"3 年型"两种形式。"2 年型"规定：青年在 2 年的时间里累计缴满 300 万韩元（每月 12.5 万韩元），2 年后可领取 1600 万韩元；"3 年型"规定：青年在 3 年的时间里缴满 600 万韩元（每月 16.5 万韩元），3 年后可领取 3000 万韩元。

就是对中小企业最大的帮助，这种想法是错误的。

你知道为什么我们年轻人都不愿意去中小企业吗？因为我们知道，中小企业的社长们的思想都是垃圾。他们只会让下面的人拼命干活，榨取完使用价值就不要了，他们根本不关心员工的未来。到处是垃圾社长和倚老卖老的前辈，就算提高前3年的起薪，可谁会降低标准去中小企业呢？这项政策本身就很自以为是。"

——准备去大企业工作的朴某（1993年生）

"我并不是为了多拿钱才备考九级公务员的。政府稍微补贴一下工资就能提高雇佣的稳定性吗？还有，我不相信政府所谓的工作满3年就可以拿到绩效补贴的政策，2+1就业制度又是什么？世界上哪个中小企业会在根本不需要用人的情况下，为了得到国家提供的1/3的工资补助，刻意创造出三个工作岗位？坦白地说，我们又不是乞丐，干吗要受这种待遇？我不会选择去中小企业而放弃考公务员的。"

——正在准备九级公务员考试的金某（1995年生）

综上所述，正在找工作或准备公务员考试的年轻人对政府的相关对策大多持怀疑态度。本次对就业生采访的结果显示，青年对于就业市场的意见和不满主要集中在以下几个方面：中小企业的企业文化问题、对政府政策的不信任、对长期雇佣稳定性的怀疑。那么，真正在中小企业工作过的年轻人的态度又是怎样的呢？

"我毕业于名牌大学，但我不喜欢大企业的等级文化，所以从一开始就把目标锁定在那些发展前景较好的中小企业上。但是，去了中小企业以后，我发现那些在大企业工作的朋友的处境跟我很不一样。年薪差距是从一开始我就知道的，所以这个并不是什么大问题。但是，企业文化方面的差距确实很大。一些大企业已经出现了 PC OFF 制①等引导工作与生活平衡的制度，但中小企业似乎对这类企业文化还缺乏概念，下班后的聚餐和加班都被认为是理所当然的。"

——在中小 IT 企业工作 10 个月后辞职的金某（1993 年生）

金某之所以决定辞职，还有一个直接原因。当时公司有一个男同事正在考虑要不要休育婴假，结果组长对他说："那你的工作打算让谁干？你可以申请休假试试，但后果自负。"自 2018 年 7 月起，韩国开始实行每周 52 小时工作制，但是"工作与生活的平衡"（Work and Life Balance）的相关配套制度对于中小企业员工来说还是很遥远的事情。如果这方面的情况得不到进一步改善，90 后年轻人对中小企业的排斥心理会越来越严重。同时，他们对九级公务员的热切憧憬与冷酷无奈的现实之间的背离也会进一步加剧。那么，围绕着以中小企业为中心出现的这类乱象，我们应该制定怎样的对策呢？

---

① 如果超过午饭时间和下班时间等规定时间，业务电脑就会自动关机，用以保障员工的吃饭、休息和下班时间的工作制度。

逃离"老大说了算"的组织

"接受入职教育的时候,我对公司的印象还不错,但是被分配到现在所在的部门后,就像来到了地狱。顶头上司要求我们比上班时间提前30分钟到,也就是8点30分到岗。因为她本人8点30分到,所以要求我们不能比她晚。业务上她从没好好教过我,不是冷嘲热讽就是直接无视。但是面对自己上司的时候,她几乎到了唯命是从的地步。本以为只有她是这副派头,后来才发现身边太多这种'老大'。如果在老大们说了算的企业中待久了的话,我担心有一天我也会成为这种人。所以,一年后我辞职离开了公司。"

——在"老大说了算"的公司工作一年后辞职的金某(1990年生)

韩语中的"꼰대"(老大)一词其实历史悠久。20世纪60年代的小说中,不成器的儿子硬是把母亲的钱抢走后,留下一句"别告诉老大"。以20世纪90年代末为背景的小说《镢头村的孩子们》中,结巴明焕的父亲被明焕的朋友称为"老大"。这里的"老大"大致相当于"老头儿"的意思,类似于年轻人私底下称呼爸爸或老师的时候使用的隐语,在90年代的时候属于不太经常使用的陈旧词语。

但进入21世纪以后,年轻人越来越抗拒权威主义和说教,该词逐渐成为贬低特定对象的代名词。可能是因为没有找到其他更好的词,从2010年开始"老大"一词逐渐流行开来。由于是隐语,很难查清它的准确词源。有人说,这是因为倚老卖老者往往满脸皱纹,形似蚕蛹,而蛹的全罗道方言发音类似于"꼰대",还有人说,这是代

表老人的"곰방대"（烟杆儿）一词的缩略语。

90 后从小便是在"老大"的指手画脚下长大的。问题是，小的时候还可以努力避开"老大"，但随着长大成人步入职场，现在必须直接面对他们了。2017 年，就业门户网站 Incruit 以 750 名会员为研究对象所做的问卷调查显示，每 10 个上班族中就有 9 人回答"公司里有'老大'"。受调查者一致认为，"答定你"（答案早就定好了，你只要回答就行了）类型（23%）是最典型的"老大"；"让你干什么你就干什么"的上命下从型（20%）；还有"这个我最有发言权"的全知全能类（16%）等，这些都是典型的"老大上司"。另外，还有"你就先委屈一下吧"的无情、无礼型（13%）；"你疯了吗"的愤怒失调型（10%）；随时随地来一句"喂！"的不用敬语型（9%）等也是常见的"老大"作风。[10] 你有没有潜在的"老大"倾向？一起来做一个小测试吧，看看下面这些行为你中了几项。（见下页）

不必对测试结果感到震惊。因为上面的测试最终告诉我们的一个事实是——"无论是谁，最后都会成为'老大'"。所以，没必要在得知自己是"老大"后感到恼怒，没人敢说自己身上没有一点"老大"的特质。从本质上来说，"老大"型人格很难脱胎换骨。我们能做的只是正视自己是"老大"的事实，然后不断完善自己。

但是，如果测试结果是"骨灰级老大"，那就比较严重了。因为如果作威作福惯了，难免会出现欺负、侮辱别人等暴力行为，如果达到这个地步，就不是"老大"而是变态了。因此，我们即使无法避免遇到"老大"，但要对近乎变态的"老大"们横行的地方说"No"。即使不能完全免除"老大"的劣根性，但绝不可以成为变态。

新职场"老大"测试[11]

1. 如今的年轻人都忙着准备九级公务员考试,这一代人真的缺乏挑战精神。

2. 那些说着"地狱韩国"的年轻人真是令人寒心。

3. 在公司的午餐时间属于公共时间。即使不愿意,也要和同事们集体行动。

4. 无条件服从上级的话是职场生活的智慧。

5. 对于初次见面的人,喜欢先问年龄和学历,这样心里才舒服。

6. "准点下班制度"(Family Day)是一项很好的福利。

7. 假如想完整地休假,要看上司的眼色。

8. 同事竟然休了一年的育婴假,真是不像话。

9. 我不喜欢比我晚上班的后辈。

10. 聚餐时后辈不帮忙摆筷子或不帮忙烤肉,这很让人生气。

11. 经常把"想当年我……""我像你这么大的时候"之类的话挂在嘴上。

12. 在便利店或卖场里,对看起来较为年轻的职员用非敬语说话。

13. 在饭店或卖场里大声喊过:"让你们老板出来!"

14. 曾在心里说过："你个臭小子懂什么？！"
15. 认为参加烛光集会和其他政治活动的学生是忘记了自己作为学生的本分。
16. 同意"年龄越大越有智慧"这句话。
17. 向不熟悉业务的后辈传授做好工作的方法。
18. 嘴上说让大家自由发表意见，自己心里其实早定好了标准答案。
19. 很想告诉大家自己曾经有多厉害。
20. 认为自己不但可以为后辈提出工作上的建议，还可以对恋爱、婚姻、子女等私生活领域的问题给出答案，成为他们的人生导师。
21. 很难理解出于个人原因缺席集体会餐或郊游的人。
22. 因后辈提出了反对意见而发火。
23. 个人进修应该在进公司之前就提前做好。

测试结果
- 0项：很好，你不是"老大"。
- 1～8项："老大"本人，虽然还不算很严重。
- 9～16项：比较顽固的"老大"。
- 17～23项：骨灰级"老大"。

拒绝"老大"法则

几年前,网络上出现了一篇名为《浑蛋质量守恒定律》的文章。该定律的内容简单说就是,任何组织内都存在一定数量的厚颜无耻、丑陋、无能、谄媚之徒等所谓的"浑蛋"。"浑蛋质量守恒定律"模仿了质量守恒定律,其具体内容如下:

1. 为避开浑蛋,更换了组织(工作组或公司),但那里仍有其他浑蛋。
2. 如果没有超级浑蛋,那必定有许多小浑蛋。
3. 组内的浑蛋走了,还会来新的浑蛋。
4. 要击败浑蛋,有必要先做浑蛋。
5. 如果认为组内没有浑蛋,你可能就是那个浑蛋。

2007年,密歇根大学组织心理学博士、斯坦福大学管理学教授罗伯特·萨顿(Robert Sutton)发布了他的新书《浑蛋止步法则》(*The No Asshole Rule*),引起很大的反响。这本书中收录了很多对付公司内部麻烦人物的方法。

这里所说的"浑蛋"相对容易被发现,影响力也比较有限,所以只要认识到问题,就很容易解决。但是,假如组织文化中的"老大"作风已经根深蒂固,且一直在暗处发挥影响力,那么找出并解决掉它并不容易。很多组织不久之后便会迎来90后的加入,因此除了要解决组织内部的"浑蛋",还要找出那些"骨灰级老大",寻求改善方案。因为,这部分人虽然不会让组织立刻毁灭,但是会慢慢腐蚀组织的凝聚力,对团队的生命产生内部威胁。

02　90后人才的特征

现在20多岁的90后经常被贴上这样的标签——"没有忠诚心""不考虑别人，只顾自己""只享权利，不尽义务""不承认自己的错误，只做无谓的辩解""没有毅力，容易放弃""不懂得区分公私""固执""不能吃苦，轻言放弃"。但是，这些标签通常是站在老一辈人的立场上看的。让我们来看一下90后和过去的一代人在组织中感受到的差异吧。

反诘：为什么"忠诚"的对象必须是集体

"最近，在新入职的员工身上很难看到对公司的忠诚。当然，我并不是说要像以前的前辈一样，把公司当成国家，一片丹心为工作献身。但是，现在的年轻人可能是因为从小在家里没吃过什么苦，所以在工作上只想着得到什么样的待遇，基本不会为公司着想。"

——某公司部长金某（1970年生）

生活中经常可以听到这类对年轻人的评价，由此引发的组织内部矛盾也不在少数。对于老一辈人来说，新职员是只考虑自己的利己主义者；对于年轻人来说，老一辈人明明丧失了对集体的信任，但为了生存，仍然选择忠诚于集体。实际上，有关集体忠诚度的问题和矛盾不是在90后身上才出现的，而是由来已久。

类似的矛盾在美国早已显现。1965年以后出生的"X一代"在20世纪90年代进入职场后，和早前的"婴儿潮一代"表现出风格迥异的特性。与职场中那些把成功和赚钱视作最高目标的年轻的都市专业工作者"雅皮士"不同，他们年轻（Young）、个人主义（Individualistic）、自由奔放（Free-minded），比"婴儿潮一代"人数少（Few），又被称为"伊菲族"（Yiffie）。

他们喜欢并享受工作，但并不想牺牲自己去忠于集体。这样，对集体忠心耿耿的老一代和管理层们在管理公司时遭遇了前所未有的难题。[12] 据此，美国企业开始改变传统的HR政策，并重新制定符合新时代人才的管理方法。

2005年前后，韩国的80后开始进入职场，由于前面的"婴儿潮一代"平时和周末都经常要求加班，两代人之间不可避免地出现了很多矛盾。主要原因在于，年轻人虽有很多不错的想法，但他们普遍缺乏对公司的热爱以及团队精神。对此，公司研究制定了绩效薪酬透明化、倾听年轻人意见、打造底蕴深厚的企业文化的政策，从而引导年轻人将热情投入公司。但这里其实也有问题，因为这暗含了如果对公司足够忠诚，作为补偿将会得到职位和身价的上升这一假设。

90后非常排斥"对集体的忠诚等于我的成长"这类公式。他们赞同网络上流行的一句职场座右铭——"为集体献身的后果是被弃之如敝屣[①]",更有人反诘:为什么"忠诚"的对象必须是集体?查尔斯·汉迪在《大象与跳蚤》中说,在今天,忠诚的对象"首先是自己和自己的未来,其次是自己的团队和项目,最后才是集体"。

对于70后以及更早的几代人来说,忠诚的对象无疑是集体;但对90后的年轻人来说,他们最忠诚于自己和自己的未来(见表2-1)。忠诚的对象不同,其意义也不同,这就必然引发矛盾。因此,假如为90后制订合理的组织文化改善方案,比起鼓吹对公司的忠诚,不如强调公司应该如何帮助个人提高忠诚度。

表2-1 不同世代忠诚的对象差异

类别	70后	80后	90后
集体中的个体忠诚的对象	集体	自己的团队和项目	自己和自己的未来
如何看待对集体的忠诚	忠于集体就是忠于自己	保障升职和自己的身价	为公司献身的后果是被弃之如敝屣

工作与生活的平衡:想要"有夜晚的生活"

"我哥哥在一家大企业工作了3年,去年通过了九级公务员考试,现在是一名税务公务员。哥哥在大企业工作的3年里,不上夜班的日

[①] 韩语中的"헌신"一词既有"献身"的意思,也有"旧鞋子"的意思。

子简直屈指可数。他几乎天天都说，我喜欢钱，但我起码要活得像个人样。我们之所以想考公务员，与其说是想要安稳的生活，倒不如说是希望过上像正常人一样的有夜晚的生活。"

——正在准备公务员考试的金某（1992年生）

前面说过，90后目睹了遭受金融危机打击的70后的挫折，和由于2008年世界金融危机随时可能进行结构调整的80后的不安。安定的生活不再是特定世代的奢望，而是所有人都想要的生活。但对90后来说，比起安稳的生活，更希望拥有真正有尊严的人生。他们想考公务员不仅因为那是"铁饭碗"，而且希望在法律维护的范围内，按照法定时间工作和休息。这也是2010年前后民主统合党常任顾问孙鹤圭提出"有夜晚的生活"的口号得到很多人支持的原因。看似理所当然的这句口号一经提出，便在水深火热的韩国社会引发了巨大的反响。

可以说，选择公司的标准方面有很多因素需要考虑，比如年薪、福利、地理位置、社会地位等。但90后最看重的是工作和生活是否可以互不影响。也许没有哪个社会像韩国社会一样，提起"加班"很自然，正常下班才不自然吧。

当然，让一个连饭都吃不饱的贫穷国家发展到今天这个程度，要感谢那些勤劳工作的劳动者的献身精神。他们坚信，集体是不会抛弃努力工作的个人的。但是，1997年金融危机爆发后，很多长期努力工作的人被无奈抛弃；2008年金融危机以后，结构调整也成为常态。因此，一味只向90后强调勤勉、奉献是不切实际的。

大声呼吁"工作与生活平衡"的一代

韩国人的工作时间长是有名的。2015年，韩国人年均工作时间在经济合作与发展组织（OECD）中位居第二，仅次于墨西哥。据韩国银行在2018年7月15日发表的《最近海外经济动向》报告书中显示，韩国排在墨西哥和哥斯达黎加之后，排名第三。值得注意的是，韩国人的工作时间从有统计数值的2000年到2007年，连续8年稳居榜首，直到2008年才把第一的位置让给墨西哥。若举办21世纪工作时间世界杯，韩国队每年都有望与墨西哥队在决赛中相遇。

2000年，韩国人的年均工作时间是2512小时，墨西哥人的年均工作时间是2311小时。之后到2007年为止，韩国便一直稳居第一。2008年韩国减少到2246小时，继墨西哥（2260小时）之后，连续6年保持第二位。这可能是因为从2004年7月开始，韩国实行每周5天工作制，工作时间有所缩短。但也有人认为，这是世界金融危机的过程中失业率上升，钟点工增加的结果。也就是说，这并不仅仅代表着一种积极的变化。

通常所说的"工作和生活的平衡"全世界都在提，但在韩国情况略有不同。在韩国，这句话更多是被用在长时间劳动、工作效率成反比的现实情况下，就业生们把"工作和生活的平衡"作为求职标准的时候，[13]这句话的缩写"WLB"也被很多媒体选为2017年的年度新词。但其实从21世纪初开始，"WLB"就开始在韩国流行了。2006年国家中央人事委员会开始实施"WLB政策"，有关工作和生活平衡的各种社会活动也随之兴起。这意味着，"WLB"不仅仅是90后的心声，也是不断变化的韩国社会的全面要求。只是90后刚刚正式步入社会，就成为改变这一潮流的契机而已。

例如，2007年三星经济研究所的报告《经营的新导向：工作与生活的平衡》中，以韩国大企业员工为研究对象实施的问卷调查结果显示，关于"职场生活中什么最重要"的问题，"工作与生活的平衡"超过"工资水平""雇佣稳定性""晋升"等选项，排在了第一位。可见，在90后进入社会之前，就已经将"WLB"视为最重要的价值了。

发达国家三四十年前便开始实施"工作与生活平衡计划"

国外很多国家早就开始实行"工作与生活平衡"计划了，这些国家总体上可以分为欧洲型、美国型、日本型三大类（见表2-2）。起初，瑞典、挪威等国从20世纪70年代中期开始实施老龄化及低出生率对策等相关福利政策。据悉，旨在遏制失业率的"弹性工作制和税收优先措施"等相关举措使工作时间进一步缩短，在创造工作岗位、抑制失业率等方面发挥了巨大作用。

为了解决失业问题和提高国家福利，英国于2000年正式开展"工作与生活平衡"国民运动。后来，英国分三个阶段逐步推进该项运动，主要举措是完善相关法律制度、营造文化氛围等。除了大力宣传工作与生活平衡能给企业带来经济效益，政府还注意引导企业积极参与到该项运动中来。最后，初期由政府主导的这一运动后来主要由企业和工会出面主持。

在美国，WLB计划由企业主导进行，其特点是，计划的目标人群不是职场妈妈等特定人群，而是着眼于全公司的人力开发及公司品牌经营管理。福特公司的口号是"关爱上班族父母的企业文化"，公司规定，员工在子女抚养期内，经公司同意，可将工作时间缩短到90%。另外，子女发生问题时，公司会派专门的保育人员去家里帮助处理问题。还有一些企业是通过敦促最高负责人及人事负责人来着手推进这一计划的。

最后，日本是在政府的主导下推进"工作与生活平衡制度"的。2007年，日本内阁颁布《工作与生活平衡宪章》，设立直属总理府的"工作与生活平衡推进室"，开展"Change！Japan"（改变吧！日本）运动，开展了大量卓有成效的工作。2009年，政府、专家、经济团体、工会代表决议通过在全国六大领域推进"工作和生活平衡解决方案"，对各项方针提出具体行动目标，开展国民运动。[15]

表2-2 不同国家"工作与生活平衡"计划的特征[14]

类别	美国型	欧洲型	日本型
引入背景	女性劳动力增加 优秀人才欠缺	失业问题亟待解决 女性雇佣扩大 人口老龄化	国家经济增长停滞 劳动人口减少 低生育率
主导者	企业	政府、地方政府和议会	政府
扩散时期	20世纪80年代初期	20世纪70—90年代	21世纪以后
主要方式	弹性工作制 员工培训 进修支援 文化生活支援	开展社会运动 弹性工作制 托儿费补贴 企业奖金 （各种补助、津贴）	制定政策 （工作时间、场地、待遇条件法定化） 完善相关立法 敦促企业落实政策
目标	提高企业生产效率	提高国家福利 增强国家实力 解决失业问题	打造国家 可持续增长的平台

黯然收场的韩国WLB运动

那么，韩国从2005年前后开始持续了10多年的WLB运动进展如何呢？从2000年的"亲家庭经营"到2014年的"工作和另一半运动"，政府持续采取了一些相应政策，个别企业也开展了一系列活动，结果却是以惨败而告终。总而言之，无论这十几年喊出过怎样的口号，对上班族都没有产生实际性帮助。

首尔基督教青年会YMCA在2013年实施的《劳动者问卷调查》显示，78%的男性和43%的女性实际工作时间高于法定工作时间，一般每周加班4次以上，频繁的加班让上班族身心疲惫。4年后的2017年12月，经营企业电子餐券服务的"餐券队长"对35000名顾客职员的餐券使用数据进行了分析，结果显示，在韩国，每10名上班族中就有7人每月加班一次以上，每10人中有2人每天加班。[16] 平均来看，每10人中就有7.8人加班，且每周的平均加班天数高达4天。

另外，市场调研机构Embrain Trendmonitor在2018年以韩国1000名19岁至59岁的上班族男女为研究对象进行了WLB调查，结果显示，大部分上班族觉得韩国社会的工作时间过长，且人们过于埋头工作，只有9.5%的人对此种现象表示肯定。这表明在过去的10年里，WLB几乎没有得到任何改善，相关运动可谓收效甚微。为什么在政府和相关企业的努力下，韩国的WLB制度仍然没有得到改善？韩国维基网站的WLB页面做出了如下解释：

其实，对于那些视公司为生命的元老级人物来说，"WLB"这个词几乎代表着反动，因为他们大部分都在企业中占据着人事考核的重要位置。

不要再用"闪退"这个词了

最近,在"让工作和家庭分开"的口号下,出现了智慧工作(smart work)、集中工作制、自律上下班制等多项制度,还有准点下班运动。几年前,为了刺激内需,政府曾鼓励企业每周三准时下班。准时下班的理由竟然是为了刺激内需,让人哭笑不得。但是,我们有必要了解一下不同年龄段的人对诸如"家庭日"这样的准时下班活动的看法。

首先,适应了"加班文化"的70后等前几代人认为,准时下班是公司给予的照顾。公司每周或每两周允许有一次准时下班,员工应该对此心存感谢。但是,作为普通职员或代理级[①]的80后和90后却有着与此完全不同的想法。在他们看来,准时下班是劳动合同中明确规定的员工的权利。

那么,外国人对这种韩国特有的加班文化是如何看待的呢?让我们参考一下韩国-澳大利亚商务咨询公司创始人迈克尔·科肯(Michael Kocken)于2014年5月发表在《赫芬顿邮报》上的题为《不要再用"闪退"这个词了》的文章。[17] 他说,以前上班的公司6点30分提出下班的话,组长总会问一句:"这么早?你要闪退吗?"要不就是:"有别的事吗?"事实上,公司和个人签订的合同中明确规定了上下班时间。但韩国式的思考方式是,即使上面明确规定了工作时间是上午9点到下午6点,但6点30分下班也会被认为是"칼

---

① 代理:韩国银行或公司之类的集团中的一种较低的职位,一般在普通社员之上,课长之下。

퇴"（闪退）。

如迈克尔·科肯所说，目前大部分韩企普遍认为，下午7点下班是"闪退"，9点下班算正常，晚上11点以后下班才算夜班。在英语中根本找不到可以翻译成"칼퇴"（闪退）的单词或用来比喻这个的俗语。这是因为西方人认为在规定的时间下班是理所应当的事情。当然，韩国的国语词典中也没有"칼퇴"（闪退）这个词，但在现实生活中，意为"迅速下班"的"칼퇴"（闪退）正被广泛使用。

在韩国，职场人士每天准点下班很容易成为众矢之的。因为大家不会觉得你下班早是工作效率高，而是不认真工作，把烂摊子留给了同事，因而是一种非常可恶的行为。在这种氛围中，所有人自然尽量避免闪退，为了给人留下除了完成交代的任务，还努力承担其他工作的印象，加班成了家常便饭。

为抵制这种夜班文化，一些大企业开展了"闪退行动"。其宗旨是让员工每月早下班一次，早点回家与家人共度时光。只是，大多数所谓的"早"都是劳动合同中规定的下班时间。以这种方式开展"家庭日"，会给员工留下这样的印象——在劳动合同中明示的下班时间下班是反常的，合同上的规定形同虚设。

另外，在韩国的门户网站搜索"칼퇴"（闪退）一词时，最先出现的相关检索是"공무원 칼퇴"（公务员闪退）。难道在韩国能按劳动合同中规定的下班时间下班的只有公务员吗？还有人认为，外企虽然不如公务员自由，但也可以闪退，因为外企不是韩企。

对于大多数上班族来说，准时下班只是镜花水月，可望而不可即。尤其在占全体企业 90% 以上的中小企业，这种政策更难得到落实。上面介绍的闪退行动也只是个别大企业和公共机关发起的活动。虽然还没有不让下班的企业，但是大部分企业的下班时间都非员工本意，而是取决于上司。在这种现实情况下，别说是"有夜晚的生活"了，就连睡个好觉都是奢望。

关于休年假，几代人的不同态度

除了要求缩短劳动时间，人们对待休假的态度也发生了变化。70后一般一年只休一次传统意义上的"夏季休假"。对他们来说，休假并不是必须发的"奖金"，而是一种"应急金"。一般来说，年假长短都是根据工龄来计算的。因此，70后的年假一般比80后和90后要长得多。但实际情况是，70后并不认为年假应该全部用完，也不会有人真的全用完。除非家里有事或存在特殊情况，他们才会用一小部分年假，剩下的部分会转成年度津贴等，再不然就作废。在他们看来，休完全部年假等于给公司和自己的上司投反对票。在过去很长一段时间，假期只是名义上有，而不是真的让员工休息。休个年假都要瞻前顾后的他们，看到年轻人堂而皇之地享受假期，内心自然是不平衡的。

当然，70后往上的人一般都在企业中担任管理者，因此决策的范围更广。就算这批人不在其位了，也会对手头进行的项目或需要管理的团队产生一定的影响。但是需要看到的是，真正制约他们想法和行动的，是韩国社会那些根深蒂固的思想，看一下他们今年、去年两年使用的年假天数就能知道这一点。不管他们忙不忙，每个人肯定都剩下 10 天以上的年假。

80 后在休假问题上表现得比前面几代人更灵活，他们对此不存在刻板印象，也不认为一定要在夏季高峰期休假。习惯了海外背包旅行的这代人通常不愿在夏季休假，而是会选择将假期连上节假日或休息日去旅行。打个比方，中秋节放 6 天假，如果在前面再加上 5 天的假期，再算上前面的周末，差不多就可以空出将近两周的时间。

不过，80 后对休假这件事也不是完全没有顾虑。和前几代人一样，他们心里也会有一定的负担。只不过他们觉得，如果把没用完的假期白白浪费掉，那也太可惜了。

在某中坚食品公司工作的李某（1982 年出生）说，3 年前，他想和朋友去旅游，就跟组长请了周四、周五两天假，但组长的反应远远出乎了他的意料。当时组长对他说的是：

"什么？！上个月刚休完暑假，现在又要休假？你以为我们公司是每周 3 天工作制吗？告诉你，我过去两年都没休过假！今后做事请你考虑一下别人的感受！"

李某本以为，现有的项目已接近尾声，即使自己缺席两天也没有什么问题，没想到请假的话惹怒了组长。后来经历了一番周折，虽然旅行得以成行，但之后他不敢再轻易请假了，即使要休假，也经常假称家里有事，可谓绞尽脑汁。

但是，与 70 后和 80 后不同的是，90 后认为休假是他们的权利（见表 2-3）。在他们看来，每年都要休假是理所当然的事情。浪费掉假期，或者因为休个假就要看上司脸色，这些都是难以理解的事情。当然，他们并不希望因为休假而影响到正常的工作。只要自己的工作做完了，不会把工作量转嫁到同事身上，那么休假是完全正常和自然的事情。

表 2-3　不同世代对休假的看法

类别	70 后	80 后	90 后
对休假的看法	休假需要看上司脸色	察言观色，灵活休假	休年假是个人自由，没必要告知休假原因
休假使用方式	夏季集中休假	不再仅限于夏季休假，而是合理调整为自己喜欢的时间	自由使用年假

2012 年进入公司的裴某（1990 年生）是一名职场新人。自 2012 年开始的两年时间，裴某休完了自己所有的假期。在他看来，年假津贴等经济补偿并不重要，重要的是人生的质量。

"明明有假期却不全休，似乎坚守在自己的岗位上就劳苦功高很了不起，感觉这样的前辈简直不正常。对别人休个假就说三道四的做法也让我无法理解。前几天，组长装作无意中说了句'你休假有点频繁吧'，我听到肯定心里不舒服啊。就算批评我也应该仅限于业务上的问题吧。"

脸书上曾流行过一张图片，题目叫作《年轻职员的休假理由》。图片上，年轻的职员给出的休假理由如下："因为第二天是休息日。"

由此也可以看出，年轻人希望想方设法地让假期延长。假如不是小长假，而是那种中间有工作日的休息日，他们会把假期加上去，自己创造一个小长假。当然，最近很多企业鼓励大家在中间有工作日的休息日加上年假或月假，连着休。

我们也需要疗养年①

"我有一个问题，请问你们公司有三星那样3年一次的自我充电机会吗？"

一次在首尔某大学举行就业讲座时，一个学生这样问我。我意识到这个学生指的应该是三星电子的"自我充电休假"制度，便说："我们公司和三星不一样，我们是工作满5年便可以歇岗。"接着我又向他解释道，"严格来说，这不是休假，而是停薪留职。也就是说在这期间是没有工资的，你觉得可以接受吗？"学生回答说："无论是带薪还是停薪，只要干满一定年限便有休整的时间，就都可以接受。"

韩国的大学教授每7年有一次疗养年②。但是对于普通的上班族来说，大学教授的这种疗养年是可望而不可即的。韩国的上班族一般十多年才有一次工龄休假，但企业里只要涉及休假，都是不容易开口的

---

① 疗养年，又称"安息年"，是指为充电提升自己而暂时离开现任工作的时间。
② 现实中，韩国的大学多采用"연구년"（研究年）这一说法。

事情。因此，像大学教授那样按年休的"疗养年"的概念肯定不适用于普通企业。但我们有必要听一下90后的年轻人对此的看法。就职于某娱乐公司的安某是这样说的：

"公司规定，员工的工龄休假是以10年为单位计算的。但媒体报道的我们公司的平均工作年限是5.3年。工作年限才5年左右，工龄休假却以10年为一个周期，这说得过去吗？"

很多企业在工龄政策方面沿用了之前的标准，即以10年为单位。但是一般大企业员工的工作年限只有十几年。2018年4月，据企业经营成果评价网站CEO Score公布的调查显示，截至2017年年末，提交营业报告的324家韩国500强企业职员的平均工作年限为12.3年。与此相反，30强集团的平均工作年限比这还短。[18] 在2014年的调查中，30强集团子公司中169家公司平均工龄为9.7年，其余181家公司为10.9年。这些人当时在激烈的竞争中脱颖而出进入大企业，但实际工作年限也只有10年左右。

最近，有企业已经开始积极顺应这种趋势以提升企业发展活力。2017年5月，CJ集团公布了企业文化革新方案，集团决定实行每5年最高可有1个月的充电和自我提升时间的创意休假制度，同时引入"Global Knock"制度，即连续工作5年以上的员工，最多可申请6个月的海外研修假期进行语言研修、工作交流等。

韩国互联网巨头Kakao每3年提供一次疗养假和200万韩元的休假费。而反应迅速的IT企业们已经开始降低工龄假需要的最低工作年限。全球最大的电子组件分销商艾睿电子（ARW）将人力开发确定为企业最核心的研究领域，所有员工在进入公司 1 年和 7 年后分别有一次为期 10 周的疗养假期。部门负责人休疗养假时，企业会安排一名有望成为该职务后继者的优秀员工来代行负责人工作，通过这种做法，使员工获得最大程度上的学习和历练。

我不喜欢"做给别人看"

90 后参加工作后，感到最不可思议的就是大家都喜欢"做给别人看"。对于在激烈的竞争环境中长大、一向注重效率的 90 后来说，这种"做给别人看"的工作方式是非常奇怪的。

"在公司上班期间，我发现很多前辈喜欢'做给别人看'。明明上班时间可以完成任务，可他们上班时总是抽烟、闲聊、拖延，下班后吃过晚饭才正式开始工作，然后过了午夜又狂发邮件。他们不会真的认为凌晨发邮件就代表自己更努力吧？"

——在中小企业工作两年的姜某（1990 年生）

一毕业就做了包装设计师的姜某在公司工作已经两年了，最让她感到恼火的就是前辈们丝毫不讲究工作效率的样子。最近她晚上在培训班学习汉语，每周有 3 天需要晚上 6 点 30 分下班，前辈们似乎对此颇有意见。但是她实在无法理解他们明明上班时间可以把工作做完，却故意拖着。她不想故意拖延工作，然后推迟下班时间。实在需要加班时，她也没有太多怨言。可在她看来，公司前辈们的加班已经成为一种习惯。

她也问过前辈们，为什么大家都这样做？加班又不会额外给钱，那为什么还有这么多人加班呢？对方的回答让她哭笑不得："因为社长看到大家深夜还在收发邮件，会认为这是努力工作的表现。所以大家习惯了这样做。"最后，她决定辞职。虽然公司的工资和福利待遇在本行业中不算差，但她不想在这种地方消耗青春。事实上，这种"做给别人看"的工作方式一直饱受诟病，被认为是韩国企业形式主义的集中体现。

LG经济研究院责任研究员姜承勋（音）在2014年7月发表了题为《形式主义严重的韩国企业最大的问题是长期效率低下》的分析报告。分析认为，始作俑者正是那些不急于创造成果，只忙着做表面文章之人。80后也一直谴责企业内部的这类风气，但是就算他们不参与这种形式主义，也很少有人会因此辞职。2007年，网上流传过一份"三星物产第46期新入职员工辞职信"，当时大多数人都认为这是年少轻狂，只有为数不多的网友称赞他们，认为这"确实很勇敢"。

但是，90后遇到这种情况后，会立即考虑辞职。他们很清楚，那些人之所以费尽心机地表现出敬业的样子，是源于他们对上司的归属感。而大部分90后的年轻人已不再像老一辈那样对上司或公司抱有强烈的纵向归属感。相反，他们对身边的同事和朋友的水平归属感更多。

通用电气（GE）传奇CEO杰克·韦尔奇（Jack Welch）曾极力反对公司内部的等级制度，他说："等级制度会让所有人都围着CEO

转,然后只把屁股露给顾客。"90后非常反对这种嘴上高呼顾客是上帝,但实际上把上司当作最高顾客的伪善。[19]

形式主义导致的时间浪费

比起"实行",更重视"计划";比起"内涵",更重视"形式"。90后坦言,这样的做法让他们感到极度失望。

"报告一次季度质量管理现状,你知道我一共修改了多少次吗?文件名都改到ver.41了(第41版)。只不过是给上面的负责人看一眼的一个报告,又不是给社长看,但是需要修改41次之多,实在是匪夷所思。"

——在电视购物行业工作3年的金某(1989年生)

金某在家庭购物行业连续3年从事品质管理工作,对所谓的报告文化苦不堪言。她说,两张A4纸就足以写清楚的报告,被两位上司反复打回以后,已经发展成了60多张PPT的大型报告书。她无法理解的是,一个简单的定期报告,需要经过两位上司,然后到高层管理人员的三个阶段的复杂审批。即使按照上司要求进行了修改,再上一级的上司看到后可能又会提出相反的意见,改完再改是常事。金某问,这不是重复工作是什么?最无奈的是,经过反复修改的报告书只是外观设计变得更煞有介事了,核心内容与最初的文案没有太大区别。

社会学家埃齐奥尼(Amitai Etzioni)指出,出于对不确定性的恐惧，很多人喜欢回避重要决定，或收集不必要的信息以拖延时间。这时，无意义的重复工作便发生了。为了逃避责任而推迟决策的情况也时有出现。制订方案的下级拿着报告书反复开会，等待不确定性消失，还会在复杂的审批阶段尽量拖延时间。而负责做出决策的上级也一样，他们通常在需要做出决断的瞬间，将问题归咎于报告中的小错或信息不充分，然后指示下级重新修改，从而拖延时间。此时，在"石头桥也要敲一敲再过"（形容凡事都要小心）和"没有比不决策更坏的决策"两句格言中，显然大家更愿意相信前者。

推迟决策并不意味着所有人都闲着，大家都在忙着收集信息，报告书的修改次数也在不断增加。在敲打石桥的瞬间，竞争对手已经越过石桥，推出了他们的新产品，而这一方剩下的只有那份完美无缺但是已经没有什么用的报告书，以及"我们的判断很正确"的苦涩安慰。而且，低效工作带来的恶果还不止于此。

"一般来说，我每天有一半的工作时间是在开会中度过的。当然，有些会议很有必要，但大部分是得不出任何结论便草草收场的毫无意义的会议。真不明白我们组长怎么每次开会都有那么多话说。既然是和组里每个人轮流沟通，其他人有什么必要全程旁听？还不如一个一个单独地跟他面谈呢。浪费掉的时间真是可惜，每天都是开不完的会，工作到底要放到什么时候做？"

——在制造企业营销部门工作的金某（1990年生）

20世纪初，法国农业工程学家马克斯·林格曼（Max Ringelmann）

通过实验得出了有名的"社会怠慢"理论。这个理论告诉我们，随着组织规模的增大，个体在完成组织任务时的努力有减小的倾向，因为每个人都有分散责任的潜在心理。所以，组织必须尽量明确每个成员的任务。但是，如果权限和责任的界限模糊，希望分散责任的心理就会让组织出现不必要的人力浪费。比如，不必要的邮件群发、让与某项工作无关的人员参加会议等，都是最常见的例子。

据《华尔街日报》报道，美国上班族平均每天确认74次电子邮件。韩国的情况也差不多。有的人光在邮件上就要花费1小时以上的时间，但里面真正有用的东西并不多。开会也一样。虽然开会已经几乎变成了本职工作，但有些会议让人根本不知道自己为什么要参加。为了逃避和分散责任，大家通常先通过电子邮件把某件事情通知所有人，之后还会让没有直接关系的人参加会议。

贝恩公司（Bain&Company）顾问麦克·曼金斯（Michael Mankins）在2014年5月的《哈佛商业评论》中指出，有很多证据表明，像电子邮件、会议这样的组织协作工具，其耗费的成本是远大于收益的。假如企业因为处理大量电子邮件和开会浪费了太多的时间，那么花在顾客身上的时间必然越来越少。

梦想在他处

前不久，在韩国一家大企业担任人事组长的江某（1973年生）在结束了公司活动回家的路上，与正好顺路的营业组新职员金某（1991年生）一起坐上了出租车。在车上，两人谈论起公司活动的事情，可能是职业意识使然，江某问金某今后有什么打算。因为江某在公司里经常问别人这个问题，所以，本以为金某会回答"我想过几年调岗"或"我希望能成为营业专家，10年后被派驻到国外工作"，但是金某的回答有些出人意料，他说："我的梦想是成为畅销书作家。"

江某说，20多年来他一直负责人事工作，但这种回答还是第一次听到，所以非常惊讶。因为一般大家的回答都是围绕自己在公司所从事的具体工作。在身为人事组长的自己面前坦率地说出自己的梦想也让他吃惊不已。江某还反思过，自己提前在心里把标准答案定好了，这种做法是不是有点像"老大"？后来，江某在公司里再问别人同样问题的时候，改成这样问："你在公司里的目标是什么？"

进入韩国一家制药公司工作的朱某（1994年生）此前共经历过20多家公司的面试。几乎每次面试时他都会遇到一个让他十分为难的问题，那就是："在我们公司工作10年或20年后，你有什么目标？"据他回忆，10家企业中有八九家会提出类似的问题。每次他都会拿出事先准备好的答案或随机应变给出面试官希望得到的答案，但如此言不由衷的回答让他感觉自己好像在说谎，心里非常不舒服。因为他根本没有要在公司干满10年的想法，自然也不可能有在公司工作10年后的梦想或计划。

很少有90后在进入公司时抱有"我一定要在这里干到公司高层"的想法。但是，从未站在求职者的立场上思考过的面试官仍然喜欢问过去常问的那些问题，并且认为求职者会把身为高层的面试官当作自己奋斗的目标。既然认为"我就是你的明天"，面试官就会对自己的地位和经验赋予加权值。同时，他们希望求职者能虚心向自己请教成功之道，并通过这点获得求职者的尊敬。而如果对方的言行表现出违背这一设想的不当之处，他们便会提出尖锐的批评。

已经落幕的 MBC 综艺节目《无限挑战》中，2013 年的《拜托无限挑战》里笑星朴明秀这样说过："我没有梦想，我只想玩。"老一辈总是说"人一定要有梦想""梦想一定要远大"，朴明秀的话显然是对这些观点的一种叛逆。今天的 90 后已经可以大胆说出这句话——"人一定要有梦想吗？"

电影《与神同行》的原作者、著名网络漫画家周灏旻说，自己在 2008 年创作的作品《无限动力》中曾有一句经典台词——"死之前是会想起没吃的饭，还是会想起没有实现的梦想？"但现在，这句话让他感到羞愧。因为"没有梦想也没关系，那样说有点太强调必须有梦想了"。他注意到，现在的 90 后已经不会再盲目听从老一辈要求"人必须有梦想"的忠告了。

03 新的时代，新的雇佣体系

2018年的"一周52小时工作制"

2018年，韩国正式开始实行"每周52小时工作制"。根据2018年2月修订的《劳动标准法》，自2018年7月1日起，韩国所有员工超过300人的企事业单位和公共机关均实行每周52小时工作制度，即5个工作日每天8小时，再加上12小时的可允许加班时间，52小时将成为一周允许的最长工作时间。自此，韩国每周最长工时上限从68小时下调至52小时。[20]

之前的周工作时间上限之所以高达68小时，主要是因为政府对公休日工作做出的行政解释存在问题。按照以前的劳动法，公休日工作时间不计入加班时间。这样一来，一周40小时的法定工时加上12小时的加班时间，再加上周六、周日的16小时，劳动者每周最多工作68小时。

新修订的《劳动标准法》规定，公休日的工作时间也必须计入加班工作时间，而法律允许的加班时间不得超过12小时，如此，在以往的每周68小时工作时间上限中，减掉两天休息日的16小时，便是每周52小时工作制。新劳动法实施后，小到90后一直高呼的工作和生活平衡，大到国家层面上的低劳动生产率的现象都有望得到改善，就业率也有望提高。

但是，有观点认为，缩短工作时间导致的人力不足、企业的费用增加以及由此导致的劳动者工资减少等问题也不容忽视。考虑到上述问题，为减少2018年7月1日起实行的每周52小时工作制对产业造成的影响，政府将给中小企业6个月以上的过渡期，以延缓对违反法定劳动时间的处罚。另外，政府将根据企业规模，分别采取不同的适用时间。50～299人规模的中型企业及5～49人的小型企业，将分别从2020年1月和2021年7月开始实施该项制度。

当然，实行每周52小时工作制，短期内可能会使一些矛盾凸显，但从长远来看，应该是利大于弊。况且，我们现在讨论的不是制度的优缺点，而是今后的工作时间、雇佣体系以及作为社会主力军的90后的想法和行动。

实行"一周52小时工作制"以后

一周52小时工作制会对整个产业界带来什么样的影响，现在下结论还为时过早。因为不同产业、不同职业、不同雇佣形态所感受到的影响可谓千差万别。实行一周52小时工作制，可能给一部分人带来夜生活，也可能给另一部分人带来吃不上晚餐的生活。而且，随着整个经济形势的变动，对政策的评价也会有所不同。

在实行每周52小时工作制1个月以后的8月3日至10日，以韩国1515名19岁以上成年男女为研究对象进行的《关于缩短劳动时间的认识调查》结果显示，每10人中有6人对缩短劳动时间给予了肯定评价。从各年龄段来看，年龄在19～29岁的90后做出的肯定评价占72.6%，在所有年龄段中最高，比全体受访者的平均值高出8.4个百分点。

对缩短劳动时间后如何利用时间的提问，回答"家庭生活"（与家人共度时间）的人最多，占64.0%，而19～29岁的90后中，回答"爱好、休闲、旅行"的占59.7%。现实中，以90后的年轻人为对象举办的各种兴趣讲座及休闲活动正在增加。尤其是52小时工作制实施以后，很多文化活动中心在百货商店或超市举办的各类讲座大幅增加。据一家百货商店公布，2018年夏天举行的文化讲座比2017年暑期（6800个）增加了1900多个，下午5点（上班族的下班时间）以后举行的讲座数量比前一年增加了10%左右，听课生增加了15%左右。

与此相反，从前因为企业的频繁聚餐而门庭若市的餐厅或酒吧的销售额可能会受到打击。特别是此次调查中90后在回答"平时工作和生活很难保持平衡的理由"时，11.8%的人的答案是"有聚餐、工作之外的聚会等惯例"，在全体调查对象中比例最高。因此，以二十几岁年轻人为主要目标顾客的餐饮行业预计将遭受重创。在此情形下，预计商业版图也将重新划分。

如何引导 90 后合理利用闲暇时间

梨花女子大学教授尹正求（音）于 2018 年 6 月在自己的脸书上写道："一场海啸正在袭击 HRD，HRD 已被判死刑。"他说，如果每周的法定工作时间变成 40 小时或 52 小时，首当其冲的将是人力资源开发（Human Resources Development，缩写为 HRD）行业，因为培训时间原本也应包括在工作时间之内，这样一来，很多培训内容会被压缩。不知道一周 52 小时工作制是否会真的会导致传统 HRD 行业的崩溃，但 HRD 将出现根本性变化是毋庸置疑的。说不定，公司今后需要花钱才能购买员工下班后的时间。

90 后的上班族下班后，有的人享受自己的兴趣爱好，有的人掏钱参加聚会，有的人加入文化中心学习各种课程，还有一些人应该会报班学习如何通过提高自身竞争力，以更好地提升工作能力，还有学习外语。既然工作时间缩短了，那么公司完全可以想办法引导员工合理利用闲暇时间。

这与之前在公司内部接受培训的方式有很大差异。以前，公司要求上班时加入培训项目，或听网络课程。随着工时制度的变化，这种培训方式会慢慢消失。但是，公司可以通过为员工提供学费支援，以引导员工进行某种学习，这将成为 HRD 发展的新趋势。另外，学习方式不一定非得是听课。如果说企业 HRD 的大方向是"提高职员的工作效率"，那么也可以为职员提供获得充分休息或修炼身心的培训。

LG 集团子公司 SERVEONE 正在运营一个被称为西方代表性冥想技法的"心灵修炼计划"。近 3 年来，SERVEONE 以"职场内的幸福"为目标，从职员到经理级均需在昆池岩的度假村参加"心灵修炼计划"，这是员工进修的必修课程之一。如果一周52小时工作制以后，此类冥想课程难以为继，为了员工们能继续保持心理健康，公司可以考虑支持员工学习其他同类课程。

一周可能只工作4天吗

韩国首次实行每周5天工作制是在2004年7月。此后，一周5天工作制逐渐在所有行业推进了。但是，在实行每周5天工作制以前，韩国国内两方的意见曾一度针锋相对。反对阵营认为，还没有完全跃升为发达国家的韩国不能轻率地效仿发达国家，不然很有可能适得其反。但10多年后的今天，一周5天工作制已稳定下来，而且没有出现之前担心的结果。最近开始有人建议，韩国能不能效仿美国和英国，实行4天工作制。

英国公共卫生专家约翰·阿什顿（John Ashton）在接受英国《卫报》采访时表示，每周4天工作制可以减少劳动者的压力，让他们有更多的时间与家人在一起，同时还可以降低失业率。他说："在实行每周5天工作制的情况下，劳动者因为休息时间不够而倍感压力，甚至有人还得请病假。精神健康对劳动者来说是非常重要的问题。"他还说："一些人忙得要发疯，另一些人却没有工作。"因此，他提议引入每周4天工作制。[21]

美国谷歌的创始人兼首席执行官拉里·佩奇（Larry Page）指出，随着技术的发展，劳动时间持续减少将成为时代趋势，他还主张应该进一步压缩工作时间。在公布的视频资料中，佩奇和著名风险投资企业科斯拉创投公司的创始人维诺德·科斯拉（Vinod Khosla）、谷歌联合创始人谢尔盖·布林（Sergey Brin）还公开讨论了未来技术发展趋势及其对社会产生的影响。佩奇和科斯拉指出，1900年美国90%的人从事农业生产，2000年这一比例仅为2%，并强调缩短劳动时间是大势所趋。佩奇说，"毋庸置疑，如今我们生活在一个富饶的时代"，他认为随着科学技术的进步，人们已无须长时间辛苦劳动。人要生活，就需要住宅、安全、子女教育等，但这并不需要太多的资源和劳动。佩奇表示，投入必须领域的资源和劳动还不到社会全体劳动力和资本的1%。[22]

其实佩奇并非提出缩减工作天数的第一人，墨西哥通信业巨头、世界新首富卡洛斯·斯利姆（Carlos Slim）在接受CNN财经新闻的采访时表示："如果一周只有3个工作日，我们就会有更多休息时间来提高生活品质。此举将会催生更健康、生产效率更高的劳动力。""人们在年轻时应拥有更多可自由支配的时间，而不是等到退休之后。"为此，他提议每周工作3天、每天工作11小时，剩下的4天用来休息。他还补充道，减少工作时间后，应该花更多的时间陪伴家人，还要为找到更好的工作而不断学习。

综上所述，越来越多的人主张缩短工作时间。那么，实际上有没有企业愿意进一步缩短工作时间，尝试实行每周4天工作制呢？

1930年的家乐氏——一天6小时工作制

全球顶尖的食品生产商家乐氏的创始人威尔·凯洛格（Will Kellogg）在1930年大恐慌开始时，将1500名职员的工作时间从每天8小时缩短为每天6小时。当时，家乐氏公司总裁路易斯·布朗

（Lewis Brown）也发言支持了创始人的决定，他说："如果将 8 小时 3 班倒工作制改为 6 小时 4 班倒，就能给居住在巴特尔克里克的 300 多名家长提供工作岗位和工资。"但是，这样一来，就得减少现有人员的工资。于是，家乐氏提高了时薪，并承诺提供津贴，鼓励员工继续努力工作。

不仅如此，家乐氏还意识到，人们正在一个迅速转动的劳动和消费的怪圈中迷失自我，并且因为这种狂热而脱离群体。本杰明·哈尼卡（Benjamin Hunnicutt）在《家乐氏公司的每天 6 小时上班制》（*Kellogg's Six-Hour Day*）一书中说，布朗和家乐氏在自由市场上进行的财物和劳务、自由交换劳动并不意味着盲目消费至上主义和对人类天然资源的无尽压榨。这是一个非常大胆的飞跃，虽然只是暂时的，但也取得了成功。

巴特尔克里克地区的工人们欣然接受了多出的两小时闲暇时间。他们主要在家里陪家人或见朋友，在享受了时间带来的解放感后，他们也开始关注起休闲生活来。妇女们做针线活、侍弄庭院、造访邻居、一起做饭；男人们运动、打猎、去图书馆等。哈尼卡表示："两小时的闲暇时间成为唤起劳动者对家庭、共同体和市民权意识的宝贵契机。"

家乐氏的一天 6 小时工作制让劳动者拥有了更多的闲暇时间，带来了更多的幸福感，也给企业带来了更多的收益。工作时间缩短后，工人们工作起来更加卖力。此前，每人每小时可平均包装切成小块的全麦饼干 83 块，但工作时间减少后，每小时的人均包装数量增加到 96 块。间接费用和劳务费、劳动相关事故也有所减少。在暂时中止这一做法后，1946年实施的民意调查显示，77%的男性工人和87%的女性工人仍然愿意选择每周30小时工作制，即使这样会导致工资有所减少。

虽然缩短工时制取得了成功，而且深受大众欢迎，但家乐氏在1943年不得不中断这一做法。第二次世界大战爆发后，由于人手不足、产品需求增多，工厂只能重新回到8小时工作制。当时，美国的罗斯福总统正着手制定一系列每周40小时工作制的标准化政策，这也是今天大多数企业采用的制度。家乐氏也只能顺应这个决定。但后来有劳动者表示："大家都以为每天工作8小时就能回家，但事实并非如此。"

就在写作的当下，家乐氏公司又出现了回归一天6小时工作制的呼声。在美国、大部分欧洲地区和澳大利亚，也掀起了呼吁通过闲暇时间充电，重塑社会资本的运动，人们希望借此重新审视人生的意义以及共同体的价值。

韩国也有企业进行过缩短工作时间的尝试。2018年，新世界集团成为韩国首个实行一周35小时工作制的大企业。如果以每周5天工作40小时为标准，相当于每天减少1小时的工作时间。为了取消加班现象，让员工在下午5点准时下班，公司实行下午5点30分电脑强制关机制度。如果没有主管人员的事先批准，电脑将无法重新启动，从而避免各种不必要的加班。另外，公司内部定期公开经常加班的部门，并在干部、部门负责人的人事评价、奖项上做出相应的扣分。

虽然有不少人对这种做法表示担忧，但是半年之后，组织成员的满意度似乎很高。在新世界集团工作的朋友申某（1988年生）介绍说："我们也没想到真的会实行35小时工作制。但到目前为止，35小时工作制执行得还算比较彻底，职员们的满意度也很高。"伴随着这种变化，一些实行每周4天或每周4.5天工作制的企业也在不断出现。

以送餐App"送餐民族"闻名的"优雅的兄弟们"公司将每周一上午指定为休息日，实行周一下午开始上班的每周4.5天工作制。出版社金英社也从2015年开始实施4.5天工作制，每周只工作到周五下午1点。综合旅行社"旅游博士"将隔周的周五指定为休息日，目前正在试运行每周4天工作制。运营住宿软件"这里怎么样"的公司"创意者"（With Innovation）每周一上午休息，午餐时间为90分钟，实行每周35小时工作制。当然，对缩短工作时间做出响应的企业仍是极少数，而且到目前为止大部分仅限于试运行阶段。

乌托邦时代的每周4天工作制

乌托邦人将一天分为24小时，其中只安排6小时工作。从早上到中午工作3小时，正午吃午饭。午饭后休息2小时，然后再工作3小时。

——托马斯·莫尔，《乌托邦》

1516年，托马斯·莫尔（Thomas More）写的《乌托邦》（*Utopia*）

一书中，乌托邦是一个每天只工作6小时左右的地方。这里所说的乌托邦通常被认为具有多重含义。"utopia"一词源自意为"not"的希腊语"οὐ"和意为"place"的"τόπος"，意思是"没有的地方"。那么，现实中真的可能存在像梦一样的乐园乌托邦吗？

事实上，乌托邦人每天只工作6小时是有合理原因的。乌托邦没有阶级制度，所有人都公平劳动，没有不劳而食的人，所以每天只要工作6小时左右，就能生产出足够的生活必需品，对他们来说，6小时足矣。

在日本，实行每周只工作4天、休息3天的企业正在迅速增加。2017年，根据日本厚生劳动省的一项调查结果显示，实行每周3天以上休息制度的企业占企业总数的8%，比10年前增加了3倍。大企业当中，引入"每周3天休息制"的代表性企业有持有日本肯德基控股公司和服装卖场优衣库品牌的速销公司（Fast Retailing），IT企业雅虎日本也表示即将引入同样的制度。[23]

2018年，新西兰最大的信托公司Perpetual Guardian也表示将引进每周4天工作制。Perpetual Guardian的创始人兼代表安德鲁·巴内斯（Andrew Barnes）从2018年3月开始进行了为期6周的"无减薪一周工作4天"试验。在两个月的时间里，他对240名职员进行了测验，结果表明，（员工的）组织参与度、满足感和对公司的忠诚度大幅提高，生产效率也完全没有下降。[24] 他说："如果继续就这次试验结果展开讨论，也许将产生适合21世纪的劳动时间制的构想。"如他所说，也许人们需要进一步测试来寻找适合21世纪的劳动时间制度。

除日本和新西兰外，尝试实行每周 4 天工作制的国家和企业还在持续增加，有人预测，这项制度可能会扩散到全世界。阿里巴巴创始人马云在 2017 年接受美国财经电视台 CNBC 采访时表示，今后 30 年内，人们每天将只工作 4 小时，每周只工作 4 天。虽然不知道他说得对不对，但有一点是可以肯定的，那就是未来的年轻人将在不同于我们这一代的环境中工作，他们眼中的劳动与我们所说的劳动截然不同。

21 世纪的雇佣方式将产生何种变化

20 世纪是基于人类物质需求的资本主义发挥巨大生命力的时期。因此，从企业的立场来看，20 世纪是讲究生产效率的时期。因为生产效率越高，就能积累越多的财富。生产效率几乎成为资本主义唯一的标准。资本主义通过漠视人性、增加劳动强度、提高生产效率的方式积累了巨大的财富。为了赢得这场生产力竞赛，人类在 20 世纪发展了"共同体主义"和"功能主义"两种理念体系。

特别是在 20 世纪，部分企业通过"共同体主义管理方式"提高了生产效率。所谓的共同体主义的管理是通过以人为本的学徒关系来确保生产效率的方式。固守这一模式的德国等欧洲大陆国家企业，以及受此影响的东亚企业在 20 世纪后半期依靠高效生产迅速成长，代表性例子便是日本的松下。作为世界十大电子企业之一的松下，其前身是被推为经营之神的松下幸之助于1918年在大阪成立的松下幸之助电气公司。松下幸之助在大阪电灯公司担任学徒期间开始研究灯泡的改良技术，辞职后创立了松下电器。1927年，他和山阳电机的创始人，同时也是自己妻弟的井植岁男携手创立了品牌"National"。与竞争公司相比，松下电器的产品物美价廉，松下不但克服了第一次世界大战后的经济萧条，还在1923年成功建设了自己的工厂。

但是，1929年年末，政府实施的财政紧缩政策导致库存积压、资金不足，公司面临极大的困难。当时，管理层提出将职员减半，然后调整人员结构的办法，以节省开支。最后，松下引入了所谓的"玻璃式经营法[①]"，这也成为日后日本终身雇佣制哲学诞生的起点。但是随着经济形势的变化，2001年松下开始实行自愿提前退休制。2002年3月，松下出现了高达4000亿日元的巨额赤字，被迫裁减2万多名职员。2011年，松下在全球范围内裁员4万人，接近总数的10%。

曾说过"与其裁员，还不如关闭公司"的日本家电企业夏普的情况如何呢？1950年，处于联合军最高司令部统治下的夏普随着军政的紧缩措施，经营状况进一步恶化。交易银行建议"如果不想关闭公司，就削减210名员工"，如此向创始人兼总经理早川德次施压。早川一直强调企业责任，甚至设立过专门雇用盲人的工厂，因此让他裁员是不可能的。他告诉银行，如果公司要以裁员的方式维持下去，还

[①] 即在企业内部管理上，要像玻璃那样透明，要让员工了解企业经营的状况，从而唤起他们的责任心和使命感。它被视为松下电器公司的三大主要经营法则之一。

不如解散公司。该消息传到公司内部以后，员工们纷纷表示，一定要救活公司，大约210名员工选择了自愿提前退休。此后，夏普逐渐确立了以维持雇佣为首要目标的经营理念，并逐渐成长为日本终身雇佣制的代表性企业之一。

但是，由于日元贬值、业绩恶化，夏普最终不得不改变这一百年传统。2001年家电企业陷入萧条时，松下电器裁员1.3万人，直到2008年世界金融危机导致夏普上市以来首次出现了年度财报赤字，公司仍然遵从创业者的社训，维持雇佣。但是2011年，夏普出现了3760亿日元的历史最大规模赤字，经营状况持续恶化，最终在2016年被中国台湾富士康收购。

与此不同的是，美国企业大多采用功能主义管理方式。这是组织按照以职务为中心的市场原理运营的一种管理方式。此时，弱肉强食、充满血腥的结构调整是一种常态，即从市场上购买电池，用到电量耗尽以后，再从市场上寻找其他电池。要冷酷无情，不，应该说根本不需要感情。他们主张，解雇大量员工的结构调整的方式越原始越好。因此，一夜之间街上可能会突然出现大量工人，劳动市场更加灵活。

杰克·韦尔奇在职时期的通用电气是体现功能主义管理方式的代表企业。1981年4月，年仅45岁的经营奇才杰克·韦尔奇成为通用电气历史上最年轻的董事长和CEO。上任后，他主导了公司最大规模的组织变革，将公司调整为核心事业领域、尖端技术事业领域、服务事业领域三大板块，将自己就任CEO时多达170个部门精简为

110个。1991年，通用电气超越了IBM，成为当时美国最具价值的企业。

但在此过程中，通用电气在5年间解雇了10万名员工，以至于20世纪80年代初业界刮起了一股结构调整风潮。杰克·韦尔奇也因此获得了"中子杰克"的绰号。这个叫法源自中子弹，因为中子弹的设计初衷是在不摧毁城市的前提下，最大限度地保存建筑物和装备，同时消灭大量人口。和前面谈到的日本企业完全不同，杰克反对终身雇佣制。他说，"一个组织的雇佣状态始终稳定意味着它已经走入了死胡同""企业不提供工作岗位，对企业的产品和服务感到满意的顾客才能提供工作岗位"。

共同体主义和功能主义是代表20世纪的两种生产雇佣方式。那么，在下一代担任主力军的21世纪，什么样的雇佣方式会成为主流呢？虽然目前还存在很多争论，但大多数人认为韩国企业不会采用日本式的终身雇佣制。问题是，21世纪，这种雇佣方式可能已经对求职者失去意义。在就业和维持雇佣困难的20世纪，工作岗位不充足，企业作为供给方处于有利位置，这时终身雇佣制对于求职者来说非常重要。与此相反，如今包括大学生在内的成年人在就业时面临的选择很多，对于作为供给方的求职者来说，能否保障雇佣可能并不重要。

近年来，日本出现了严重的用工荒，企业只能想方设法阻止员工跳槽或辞职。全球金融危机爆发后的2009年，日本厚生劳动省受理的解雇问题咨询比离职问题多出了4.1倍，这一现象在2016年出现了逆转后，2017年开始又进一步拉大差距。[25] 如此现实下，日本甚至出现了辞职代办公司。代办东京地区辞职手续的 EXIT 公司每次收取5万日元（约3000人民币）的手续费，2017年5月开业后，至今已接到了约1000人的委托。

但是，日本雇佣状况并不总是这样乐观。20世纪80年代的泡沫经济时期过后，1991年到21世纪初，日本经济持续低迷，这一时期也被称作"失去的10年"（Lost Decade）。从1993年开始，就业难逐步成为日本的一大社会问题，刚毕业的年轻人遭遇到了"就业冰河期"。在这个时期加入就业大军的1970—1985年出生的人被称为"迷失的一代"（Lost Generation）。[26]

目前，韩国也处于就业岗位不足的状态，这对作为用人单位的企业来说是有利的。但是，在90后求职的这一时期过后，未来的00后也要走上社会，到那时，情况也许会像日本一样发生逆转。也就是说，韩国也可能会出现就业人数少于岗位数量的现象。韩国的90后有687万人，00后却只有496万人。也许，将来韩国企业也要求着求职者来工作。

新的世代，新的雇佣方式

日本也有相当于韩国全国经济人联合会的团体，那便是"日本经济团体联合会"。经团联每年面向就业生和企业公布就业用人活动日程，比如，今年何时开始进行聘用面试、何时最终确定聘用等。这是为了防止就业和招聘出现拥挤，是所有企业间的一种君子协定。

但是，经团联会会长中西宏明在2018年9月的记者会上表示:

由经团联决定招聘日程的做法不太合适,并表示要取消"就业活动日程"制度。[27] 自1953年起开始实行的这一就业方针之所以发生变化,是因为就业形势好转,几乎达到了"充分就业[①]"。因此,比起在规定的时间里招聘,更多的企业希望尽快聘用优秀人才。现在的问题不是求职难,而是招工难,在这种情况下已经没有人愿意继续遵守之前默认的协定了。

这意味着,通过大规模公开招聘录用新职员的日本和韩国也可能像其他国家一样,转用不定期招聘制。随着这种大规模公开招聘方式的转变,可能出现的现象之一就是——自我介绍书等应聘材料会消失。最近应聘时,不看求职者身份的"盲面"越来越流行,比起简历中列出的求职者个人履历,反映求职者综合能力的介绍性文字的比重逐渐提高。但是这类自我介绍对就业生而言也是一个不小的负担。一个就业生一般要面试几十家用人单位,每一家用人单位都要求就业生至少要写3000字的自我介绍。有人曾戏言,就业生要想找到工作,先要学做作家。

2018年,人力资源网站"Saramin"对400名求职者进行了"自我介绍小说[②]"调查,结果39.3%的人回答"有这种经历"。另外,相比文本更熟悉视频影像资料的他们坦言,写自我介绍非常痛苦。有

---

① 指在某一工资水平之下,所有愿意接受工作的人都获得了就业机会。充分就业并不等于全部就业,而是仍然存在一定的失业,但所有的失业均属于摩擦性和季节性的,而且失业的间隔期很短。
② 韩语中的"자소설"是"自我介绍书"和"小说"的合成词,指自我介绍中有很多虚构的成分,就像在写小说。

人预言，今后的自我介绍可能会以视频为主的方式进行。英国知名招聘网站"Inspiring Interns"通过"视频简历"的方式大幅缩短了判定求职者是否合格所需的时间。视频简历的长度只有1分钟左右，企业只需花费12秒左右就能大概了解求职者的相关信息。

另外，今后职员与公司签订排他性劳动合同的工作形态预计也会发生变化。硅谷著名人才专家、Wasabi Ventures咨询委员本·卡斯诺查（Ben Casnocha）这样说：

"一个正常运转的公司应该像体育队一样，而不是家庭。雇佣关系形成后，并不意味着一辈子都不改变，而是要根据战术、位置选择最佳队员上场。未来需要的是这种雇佣关系。"[28]

他强调，大企业要学习硅谷的互联网公司吸引、管理人才的方法。比如，职业足球队通常与实力球员签约2至4年，这样做可以保证合理的人员流动。有的企业不考虑后果，先是大规模招人，经济形势不好了又立刻大规模裁员，卡斯诺查认为这是"不负责任的雇佣关系"。他主张建立一种适应信息化时代的新型雇佣关系。

对此，卡斯诺查提出的对策便是"任期"（tour of duty）制度，它与公司和个人之间的短期雇佣合同有些相似。但不同的是，职员好像自己创业一样，拥有很多决定权。也就是说，企业相当于雇用了一批"创业型职员"。当然，韩国目前还不太可能把这种制度作为主要雇佣形式。很多学者历来主张，在人力开发问题上，职务经验非常重要，可实际上很多企业往往不够重视企业的"人员配置"问题。但是，新职员（无论有无工作经验）被聘用后，是完全可以根据项目进行分配和流动的。

应该看到，90后这一代与老一代不同，他们对企业实行终身雇佣制并不存有期待。相反，企业非常关心个人的未来和价值提升。这就很有必要摆脱现有的僵硬的人事制度，根据公司和个人的实际需要，灵活管理人力资源。假如未来年轻人能够在弹性的人事管理框架内独立运作项目，也会获得成长及独立的机会。

目前，企业正面临着重大的挑战。首先，要在不断扩大规模的同时，完善企业氛围。同时还要综合创造性和效率性，实现繁荣的同时得到社会的认可。在这样一个关键时期，YouTube等平台上很多年轻人运营的自媒体可能会成为一个新的机遇。现实中，每周52小时工作制实行以后，YouTube频道成为很多90后的上班族聚集的主营地之一。

但是，韩国大部分企业都有禁止员工从事营利性副业的规定。由于担心人事上的不利影响，很多上班族只能把自媒体的兴趣埋在心底。[29] 但是在日本，政府对待副业的态度非常宽容，还积极鼓励职场人士开展"数码副业"。2018年年初，日本厚生劳动省发表了以上班族为对象的促进副业方针，方针规定，只有影响到本职工作、泄露企业机密、损害公司名誉、因从事与本职工作相同行业的副业而损害公司利益时，才不允许从事副业。但是在韩国，公司仍然希望职员把所有时间和精力都集中到工作上，因此禁止从事副业的规定一直存在。

但是，如果企业能够合理利用这一条件，将十分有助于人力资源的扩充和维持。举例来说，假如允许员工针对本人的工作相关内容进行流媒体直播，这对提高员工的业务能力将有很大帮助，而且这样做企业无须投入任何经费。另外，在做好防范泄露商业机密风险的前提下，企业可以不花费任何费用便达到向消费者宣传本公司的产品或服务的目的。

2018年出版的《自由时代即将到来》一书中，作者李恩智（音）在一次媒体创意大会上说，在这个时代，年轻的朋友们都知道把自己的才能转化为作品，并借此创造收入。假如那些有能力又有实力的人不把进入公司就业当成自己的目标，而是希望保持个性，活出自己，那么很多企业都要错失良才了吧。面临着综合创意性和效率性课题的企业，如果能直面年轻人的需求，并将此应用到人事制度中，不仅可以构建出全新的人才聘用模式，还能创造出新的商业机会。

04　新时代的员工管理应该以何种方式进行

富士康为何跳楼事故频发

富士康是中国台湾的电脑、电子设备领域的制造公司。虽然它有自己的品牌，但更多是接受其他企业的电子产品委托生产，尤其以生产苹果公司的 iPhone 而闻名。但事实上，除了苹果公司以外，富士康还代工生产微软的 Xbox、索尼的 PlayStation、任天堂的 Wii 等，亚马逊的 Kindle 也是在这里生产的。

2010 年富士康公司连续出现工人跳楼事件，震惊了世界。仅仅一年内，富士康便有数十人试图自杀，其中发生 14 起跳楼事件，造成 11 人死亡，3 人受重伤。年轻的工人们通过跳楼表达对公司压迫的不满。由此，富士康恶劣的劳动环境和军队式组织文化开始广为人知。

事实上，长期以来，以委托生产为主的企业们为控制成本和提高效率，采取的都是类似于富士康公司的这种管理方式。那么，跳楼事件为什么突然频发？跳楼者的年龄也发人深省。这 14 人的平均年龄仅为 20.6 岁，平均工作时间还不到 6 个月。他们大都是 90 后，学历都不高。进入公司以后，富士康内部的高压管理方式让他们几乎断绝了和外界的联系。据悉，富士康目前拥有 100 多万名员工，但这些年轻人在这么大规模的工厂里没有正常的人际沟通，情感得不到释放，因此多人做出了极端选择。对于新生代员工来说，他们需要的不是缺乏尊重和个体关怀的陈旧管理方式，而是沟通与对话。[30]

高压手段对今天的年轻人已经行不通

在某银行研修院负责新职员教育的朴课长表示，最近在进行新入职员工培训时听到的一番话让他内心深受冲击。那天晚上，听说两名新职员在偷偷喝酒，他和另一位培训负责人一起突袭宿舍，将正在偷喝啤酒的两名新职员逮了个正着。

严格来说，新进职员饮酒是可以被强制退出研究院的，但朴课长最后决定大事化小，于是对住在同一房间的 10 名成员进行了体罚。他说，这是为了增强明知室友饮酒却没有上报的友谊。但是培训结束后，朴课长在与新职员们面谈时，从受到体罚的一位新职员那里听到如下一番话：

"为什么我没有喝酒也要受到体罚呢？第二天我本想报警，但被大家劝住了，最后我决定就忍这一次。"

召集新入职的职员集体参加新员工培训是实施大规模公开招聘的韩国大企业的常规做法。通过培训，新职员逐渐理解公司的经营理念,并学习今后工作中所需的态度、技术和知识。数十年前,新职员和公司前辈们经常一起吃饭喝酒,但2000年以后,新职员要接受严格的纪律管制和锻炼。虽然每个企业都有差异,但是在此过程中往往包括集体体罚和彻夜行军等军事化管理方式,就像大学时的军训那样。

不少大企业的人事负责人表示,由于现在的年轻人个人主义倾向较强,且容易跳槽,所以有必要强化培训管理方式。某大企业的人事负责人在2012年说过:"2010年以后毕业的大学生进入企业后,很多人反映他们中的大多数意志力和身体素质都较弱,所以领导嘱咐一定要加强训练。"[31]

实际上,直到80后进入公司的2010年前后,很多人还认为如此严格的新职员培训是富有成效的。曾在2012年参加过某银行新职员培训的朴某称:"我们被赶进一个大礼堂,全体安静后,体罚开始了。""我们被要求做俯卧撑,还有蹲马步,到最后,黑乎乎的礼堂里热得像蒸笼一样。"某建设公司的情况也差不多。名义上是"组织力培养"活动,实际上却是要求新职员互相把手臂搭在旁边的队友肩上,然后不断重复下蹲和起立动作,嘴里还要高喊"我们是一个整体"。脖子上挂着哨子的前辈担任教官,指挥着新人们。在学校和军队中已经很难看到的集体体罚在企业新职员培训现场却经常发生。但新职员崔某说:"整个培训期间我的腿都在发抖,嗓子也哑了,但那段时间让我和同伴们结下了深厚的友谊。"

80后认为,这种集体体罚和军事化训练等活动虽然在体力和精神上都很辛苦,但是很有意义,在此过程中有助于和同伴们培养起深厚的感情。我是在 2007 年接受新职员培训的，记得每天早上 6 点全体人员都要集体晨练，可我那天定错了闹钟，缺席了当天的锻炼。最后，全体人员（将近两百人）都受到了惩罚。那件事以后，整个培训期间不论见到谁，我嘴里都不停重复着"对不起"，但即便如此，很多同事还是笑着说这使我们的心走得更近了。

2017 年，出任韩国国家足球队教练的金南一教练曾说："看着这些不知道着急的足球队员，我真想用棍子好好教训他们。但时代不同了，那样做好像已经行不通了。"正如他所说，棍棒教育的时代已经一去不复返了。要明白的是，90 后这代人非常重视对自我的认可和尊重，在这一点上，他们与上一代人有着明显的不同。

在 90 后踏入职场的今天，上面谈到的新人培训方式听起来或许有些不可思议。对现在的年青一代来说，权威和控制很难行得通。就像上面提到的朴课长的例子，那样做非常容易引发矛盾。现在已经很少有人赞成实施高压、残酷的训练方式了。大多数人认为，这种方式仅适用于军队里的压力训练，但和呼唤人才创新、全球视野的时代潮流背道而驰。尤其是 90 后很容易认为企业名义上重视创新，实际上却故步自封，从前的那些培训方式是必须清除的积弊痼习。

80 后和前面的一代人一样，根据自身利益行事。如果从长远来看符合自身利益，便努力靠意志熬过艰苦的新人培训期，同时暂时牺牲自己的权利。但是 90 后不希望因为高压要求而妥协，并且认为，为了全体而牺牲少数是不合理的。只要对过去的管理体系进行适当调整，就可以满足80后的基本价值要求；但是90后希望通过保护和行使权利来确认自身的存在感，并获得思考和行动上的自由。为什么权威式的高压管理难以行得通了？原因就在这里。

不是掺和，而是参与

最近非常流行一种利用手机App比赛答题的直播，其中最有名的是以二三十岁的职场人士为对象进行的果酱直播，它的日均同时在线人数高达7万～8万人。著名的"果酱叔叔"金太镇（音）在直播开始时总会说一句："我们不是掺和，而是参与。"[32] 这句话是极具代表性的。

新生代认为"参与"一词带有正面含义，但"掺和"一词带有负面意义。那么，这两个词在意思上有什么差异呢？韩语中的"참견"（掺和）一词在字典中的解释是"对于与自己毫不相干的事情进行干涉，或不懂装懂、指手画脚"，而"참여"（参与）一词在字典中的解释是"加入某件事情之中，与之产生一定关系"。由此可以看出，年轻人非常愿意直接加入与自己有关系的事情当中。

回到问答比赛节目。这种节目的历史比较久，一般通过电视和广播进行。代表性节目有1973年开始播出的EBS《奖学quiz》，该节目已经持续播出了40多年，还有以"剩下问题，还是剩下我？"而闻名的KBS的《挑战金钟》，2003年开始播出的KBS 1TV的《韩语较量》，2007年开始播出的KBS 2TV的《1对100》。这其中，唯一一个观众可以自由参与的是常识问答节目《1对100》。观众如果想参加节目，可以登录"1对100"网站，点击"一人参加"选项，进行网上预审申请。如果预审通过，则可以参加"一人组"或"百人组"。给出的 50 个问题，只要答对 30 个以上，就可以参加"百人组"。

在这里，最重要的不是 100 名参加者，而是观众也可以参与节目、一起答题的方式。普通观众可以边看电视边和节目中的答题者一起答题。看到选手没有答题成功，作为观众我也经常想：这种题怎么能出错呢？我觉得我都可以去答题了。后来，不甘心的我也上网申请预审了，不过最后没有选上。但是，对于 90 后来说，这是最自然不过的事情。他们渴望真正的参与。现在，他们通过智能手机应用程序，参加实时答题秀，以证明自己的实力。主持人提出问题以后，任何人都可以直接发送问题答案。

"参与"带来的满足感

新职员走上工作岗位以后，短则一个月，最长甚至需要一年的时间实习，来熟悉业务。成为正式员工后还要接受现场培训（On the Job Training，简称 OJT），即接受组内前辈或同事们的持续指导。这是因为，"现场"才是最好的教室。尤其是在美国企业，OJT 方式一直是员工培训的主要环节之一，新职员培训经常在进入公司后正式实施。

但是，90 后希望在业务熟练之前便在公司或组内发挥重要作用，并希望通过直接参与公司业务来获得关注。他们需要的是一种自己被需要、受重视的感觉。参与公司业务对他们来说是一种"认可"，也是一种提高他们对公司满意度的方法。但是，在现场工作中 90 后负责的往往是辅助性工作，这时，理想与现实的矛盾便产生了。

"在公司的新员工培训期间，经常能听到这样的话：'你们每个人都是公司的重要一员，希望你们用创意和热情为公司营造良好的氛围。'当然，在培训的很多活动当中，我能够感受到这样的诚意。可是进组已经两年了，今天我还是没有机会主管业务或者担任负责人。我要做的只是收拾前辈们扔下的烂摊子，再不就是给别人打下手。培训期间一直听的那些话，现在来看都是假的。"

——进入公司两年的金某（1990年生）

当然，上面的例子当中，公司一直让金某负责辅助性工作可能有其他考虑。他说的"烂摊子"业务也好，"打下手"的工作也好，这些都是胜任今后重要业务所必需的锻炼过程。在解决这些问题的过程中，可以学到很多有关核心业务的东西。但是，如果不能妥善处理当事人参与业务的欲望，他们可能很难以平常心接受那些工作。解决这一问题的方法有很多。

一是赋予他们发言权。很多公司职员经常通过匿名社交软件Blind等非正式渠道对公司提出意见。因此，在工作过程中，首先应该给他们提供发表个人意见的机会。例如，让新职员出席大小会议，给他们发言的机会，说不定在此过程中会获得有助于转换现有思考方式的新视角。还可以把90后的新职员召集到一起，对某一特定主题进行讨论，尤其是公司即将出台的新政策、研究开发中的新产品、新市场战略和宣传战略等与创新相关的话题。这也是兑现新人培训时强调过的用活力和创意为企业营造良好氛围的途径和方法。

另外，企业内部管理者有必要提供更多让新员工与高层进行双向沟通的机会。之所以强调"双向",是因为目前企业内部的大部分沟通都是单向进行的。许多企业在进行的"与管理层的对话"或"高管定期座谈会"上,大部分时间不是新职员在发言,而是高层在训话。不管是企业的管理层还是企业内部的整体氛围,都不允许未经过滤的现场发言泄露出去。如此,真正开诚布公的参与就不可能实现。要想改变这种状况,管理层需要有开放包容的心态,但更需要的是真正提供机会让所有人畅所欲言。

几年前,一家大企业开展过一个名为"逆启导"的项目计划。与兼具丰富经验和智慧的前辈们一对一向新职员提供指导和建议的"启导"(Mentoring)正好相反,"逆启导"是新职员向所属组织的领导提出意见和建议的一种做法。但是,这个项目不到两个月就被叫停了。表面上公司给出的理由是"领导没有时间",但实际上是"新职员的意见、建议过于直接,让领导难以接受"。

在同一部门工作了一年的新职员对领导说:"常务,您开会的时候总是只顾说自己的,不能接受相反的意见,所有问题您都事先定好了答案。部门会议也是高压式的,下属们无法坦诚地提出自己的意见。"后面发生的事情不用猜也知道,听到这么逆耳的"忠言",一脸阴云密布的领导找到管理干部,让他们今后加强对新职员的教育。最终,"逆启导"计划只能黯然收场。之所以出现这种情况,是因为计划的初衷没有被很好地执行,以及参与活动的领导者完全没有做好准备,也缺乏足够的诚意。

对 90 后这一代来说，参与公司工作和他们本身的成长和成功一样重要。因为"参与"既是他们最想要的，也是最难得到的。应该赋予他们的不一定是权力，而是一种表达的权利。要让他们发声，受到关注，做出成绩。参与度越高，他们适应得就越快。他们的意见受到越多关注，他们的责任感就越强。不仅如此，还要让他们能看到努力带来的成果，这是激励他们的最佳方案。

棉花糖实验陷阱

斯坦福大学心理学家沃尔特·米歇尔（Walter Mischel）进行过一个经典的棉花糖实验。受试者是一群学龄前儿童，他们面前的小桌子上摆着两块棉花糖，还有一只小铃铛。他们可以选择马上吃掉棉花糖，但如果可以再等待 15 分钟，他们就会得到双倍的奖励，实验的目的是了解孩子们的克制力与成功之间是否存在关系。10 年后进行的跟踪调查显示，当初能够抵制棉花糖诱惑的儿童有更好的人生表现，比如，身材更苗条、社会适应能力更强，而且能够等待 15 分钟的孩子比只能等待 30 秒钟的孩子的 SAT（美国高考）成绩平均高出了 210 分。

棉花糖实验可以说是公司中最常听到的那句"要学会忍耐"的最有说服力的依据。但是，棉花糖实验给我们的启示真的是"只要有克制力就能成功"吗？[33] 这个实验之所以能紧紧抓住公众的眼球，也许是因为它把人们最好奇的问题——成功人士都有什么样的特征？——转化为最简单的公式了，即"性格是天生的"，还有"忍耐是一种美德"。

但是，2013 年，罗切斯特大学的霍莉·帕尔默里（Holly Palmeri）和理查德·N. 阿斯林（Richard N. Aslin）在《认知》（Cognition）期刊上发表了题为《美食逻辑》（Rational Snacking）的论文。新研究显示，有些孩子是因为不相信研究者会给他们带来新的棉花糖，所以他们吃掉了棉花糖。研究者认为，在不安定的环境下长大的孩子会带着"吃到就是赚到"的想法，认为自己能够得到的唯一奖励，就是吃掉面前的棉花糖。而越在安稳的环境下长大的孩子，越有可能信任研究者，因此很可能更愿意多等几分钟。

此外还有许多研究人员发表了类似的质疑米歇尔实验结果的论文。但是，大多数人不想了解复杂的社会和心理学问题，只喜欢听心理培训师口中那些简单、容易转述且精彩绝伦的故事。许多培训师都喜欢拿棉花糖实验说事，然后总结道："4 岁的孩子也懂得人生成功所必需的是什么，那便是克制与忍耐。"

但是，即使实验中抵制住了美食诱惑的孩子后来取得了更大的成功，也不能说明他们具有天生抵制诱惑的潜质。正如罗切斯特大学的研究人员所说，有些儿童也许只是因为不相信研究者的话，所以没有选择等待，也有可能那天他太饿了。在复杂的世界里，单纯的忍耐力并非人生成功的秘诀。因为在这个世界上，有数千种因素可以影响和改变我们的生活。

不要只会说"要学会忍耐"

一般来说，公司内部的管理者和上司们经常这样评价 90 后：缺乏忍耐力，往往还没有达到公司要求的业务水平就坚持不下去了，很

容易自暴自弃或干脆辞职。这种说法与目前社会上对90后一代的偏见基本论调一致。在美国，有一种说法是"雪花时代"（Generational Snowflake），意为年青一代过于脆弱，像雪花一样容易融化。在韩国，人们还借用饼干的名字，将这类人称为"쿠크다스 멘털"（酥饼心）。那么，为什么90后普遍不喜欢忍耐，经常难以容忍一些看似微不足道的小事呢？

美国知名演讲家兼作家西蒙·斯涅克（Simon Sinek）在题为《千禧问题》（*The Millennial Question*）的访谈中表示，美国的千禧一代似乎忘记了某些东西。随着科技的进步，他们越来越急躁，希望心里所想立刻就能实现，很难形成深远而有意义的关系，抗压能力很弱。

可以说，这一代孩子是在"瞬间满足"的世界中长大的。要买东西？上亚马逊！东西隔天就能送到。想看电视？通过网络和网飞（Netflix）①立刻就能收看。任何你想要的东西，都随叫随到，瞬间让你得到满足。这样的成长环境让他们在需要花费时间和努力的"职场人际关系"或"职务满意度"等方面面临着困难。那么，我们应该给他们何种建议呢？像以前那样告诉他们要学会忍耐吗？

为了寻找解决问题的方法，让我们先了解一下成功管理美国千禧一代的美国陆军的事例。美国陆军人力管理最高指挥官罗伯特·卡尔

---

① 会员订阅制的流媒体播放平台，总部位于美国，可以通过PC、TV及iPad等收看电影、电视节目。

（Robert Carr）上校表示："我们希望留住最优秀的人才，在这一点上我们和其他私企没有什么不同。但因为是军队，所以难度更大。"[34] 由于军队里要求严格遵循核心传统和流程规则，这对于习惯了挑战现状的千禧一代来说非常困难。卡尔上校还说："一些新兵野心勃勃，但他们说，自己不愿意为成为高级参谋等上二十年。"

对有这种雄心壮志的千禧一代新兵们，部队里一般不会说"让你干什么你就干什么，哪儿那么多废话！"或"只要坚持，总会有机会的"，而是适当给他们以期待，从而增强组织的凝聚力。例如，在部队的经历是有用的加分值，但是在最初的两年里要做好接受低工资、执行高难度任务的心理准备，这一点一定要事先和新兵说清楚，让其对未来存有期待，延长服役时间。

90后不愿意只默默接受前辈们教育，对他们来说，这种长期的学徒式教育方式只会增加不确定性。但是，迄今为止，韩国的很多组织都过于强调所谓的"农业勤勉性"，同时给缺乏韧劲的员工打上"缺乏热情的失败者"的烙印，这就是我们的社会现实。

90后进入公司后，一段时间之内都要接受师徒制教育，通过这种方式可以得到成长，同时也会伴随着一些问题。对此，组织内的管理者必须坦诚地向年轻人说明。另外，比起直接提供解决问题的标准答案，最好提供机会让他们自主寻求更好的解决方案。而且，这一切的大前提是要长期关注他们。

西蒙·斯涅克说，我们应该敞开心胸接受这些"惊人的孩子"，还要营造一个能更好地接纳他们的环境。他呼吁，希望有越来越多的人加入愿意长久关心和帮助这些孩子的行列，时间不是一年，而是一生。他说，企业有责任营造一个能帮助他们克服瞬间满足、有饥渴感的环境。企业要管好千禧一代，就要将父母没教的补回来。我们要更努力地营造出学习合作技能的环境，同时教授他们没学习到的社会技能。不要再重复那句"你们要学会忍耐"，试着建立一种能产生良性互动的机制吧，我们有责任帮这个世代把断层补起来。

工作可以是快乐的吗

90后一代被称为最初的游戏一代。21世纪最初的几年，当时还是小学生的他们已经加入了游戏大军的行列。一到放学，他们就成群结队地跑到网吧，瞬间占领游戏天地。现在，很多网络游戏公司都以"假期特惠"之名举办一些促销活动，这时，各大游戏网站的留言板管理员便要超负荷工作。网吧管理员每到学生假期也会变得超级忙碌。可能也是这个原因，导致放假前游戏公司的股票上涨。

我们这代人一般认为游戏是"一部分孩子"或者"男孩子"的专属，但90后不分男女都玩游戏，他们从小时候起便接触游戏，玩游戏就像看电视一样普通。70后玩游戏要去游戏厅，80后一般通过电脑等玩主机游戏，这些都需要特定的环境才能玩；但90后不再受到电脑和网线等条件的限制，而是在任何场所都可加入游戏。对于从小就在游戏环境中长大的他们来说，游戏并不像老一代所认为的那样，单纯是一种逃避，而是与自己的生活息息相关。

80后和他们的长辈们通常追求所谓的人生目标，但90后更加重视现在的人生，追求人生的游戏。与此同时，能够打动他们的力量也完全来自"兴趣"。那么对于这样的90后来说,公司意味着什么呢?

"如果在公司也能找到乐趣就好了。聚餐时我对组里的同事们说过类似的话,结果代理先生听到后说,乐趣是需要花钱去找的,而公司是工作赚钱的地方,怎么能在这里找乐趣?其实我的意思不是说只想在公司玩,不想工作。如果是必须做的事,我希望能做得开心一些。他们平时还经常说'努力做不如喜欢做',为什么不想办法让公司变得快乐一些呢?"

直到最近,"希望在公司过得开心"这种话对拿着工资工作的职员来说都无异于一种反动。在某些人看来,快乐是要花钱买的,相反,赚钱的地方绝对不可能是快乐的地方。当然,对90后来说,公司也是劳动的地方,只是他们想随地享受"游戏",如果这种心理得不到满足,公司就失去了作为工作场所的魅力。

让我们了解一下韩国上班族倦怠期的有关情况。就业门户网站Jobkorea对662名上班族进行了有关工作倦怠期的调查,结果显示,97.3%的人回答"经历过倦怠期";回答"没有经历过倦怠期"的只占2.7%。比这更有趣的是在公司里感受到倦怠的时期,在这个问题上,32.3%的人给出的回答是进入公司后的第一年,被上班族选为跳槽最佳时间的第三年紧随其后,占25.9%。正是鉴于此,企业尤其要留意那些入职快满一年的职员的动向。

那么,大家对工作感到厌倦的原因是什么呢?21.8%的人回答"对重复工作感到厌倦";18.5%的人"缺乏工作热情";14.7%的人认为"业务任务过重";13.5%的人觉得"待遇太低";11.3%的人认为"工作不适合自己"。

老一代对工作感到厌倦的最常见的原因是人际问题和工作量大,但是新生代对公司生活感到厌倦的理由主要和兴趣有关。换句话来说,假如他们对现在的工作不感兴趣,就会更容易感到倦怠。

如何让工作变得有趣

美国有一个名叫史蒂夫·威利斯(Steve Willis)的拳击裁判,每次担任主要比赛裁判,拳击场上的他都会全神贯注地投入比赛。因此人们的目光紧紧追随着他的一举一动,关注程度丝毫不亚于选手本身。拳击场上的威利斯是无比冷静、理智的;但是看得出,他对这项运动是真的热爱,同时感到自豪,他那生动的表情里写满了喜怒哀乐。想必这也是他在韩国赢得超高人气的原因。

不仅是史蒂夫·威利斯,还有史蒂夫·乔布斯等CEO们也都表示,要热爱自己的工作。那么我们到底有多爱自己的工作,又是否觉得工作有趣呢?为什么大家一度认为工作和公司本来就不应该是快乐的呢?如果是自己热爱的事情,怎么会不让人感到愉快呢?

中国的80后、90后研究专家李霆道说,90后职员管理的重点在于要让他们心情愉快,快乐比任何管理战略都有效。他强调,和90后一起工作时要更加注意他们的感性,作为一种有效的情感管理方式,他介绍了"全体项目驱动法",这是他从长期经验中总结出的一种有效管理方式。据悉,在李霆道负责培训过的教育和文化媒体公司中,很多员工都是90后。从实践来看,"全体项目驱动法"让90后员工对公司的满意度、工作状态甚至被关心感都得到了大幅提高。

"全体项目驱动法"的具体方法就是,所有岗位的员工把自己的工作内容全部进行"项目化",包括前台。如此,每个人都成为一定程度上的"项目经理",月度任务目标也变成了每月一个"项目",一切工作全部严格按照项目管理方式进行推进和沟通,还可轮流负责不同的"项目"。这样,虽然职位没有更换,但在一定程度上实现了轮岗的需要。对于"项目"完成情况较好的员工,安排各种形式的庆功进行褒奖和鼓励。如果项目未完成,各"项目经理"也要进行深入的反思与总结,以发现问题和提出改善方案。

公司可以设立项目成功总数公示排行榜,这样自然会受到所有人的高度关注。每位员工,特别是90后员工都可以充分得到他们需要的自主性、主人翁意识、成就感、参与感、平等权,等等。公司业绩也自然会得到较大提高。

在艾德·迈克尔斯(Ed Michaels)等撰写的《人才战争》(*The War for Talent*)一书中,斯特林·利文斯顿(Sterling Livingston)说过:"如果管理者缺乏管理艺术,将会对下属造成伤害,也会削弱他们的自信心,让他们无法正确认识自身。""但是,假如能学习管理艺术,提高对员工的期待值,便可能让下属的自信得到提高,从而发挥更大的潜能,提高工作效率。"如利文斯顿所说,人们要想成长,需要新的挑战和经验。这时有必要让他们承担一些有难度的业务,尤其是对于那些潜力巨大的年轻员工,就更是如此。

员工不仅需要担负责任更重的职务，还需要尝试其他类型的职务。摩根·麦考尔（Morgan McCall）等人写的《经验的教训》（The Lessons from Experience）一书中记录了员工在成长过程中所经历的各种挑战。其中包括从一线人员成为干部时，在一穷二白的情况下开始项目时，纠正"瓶颈"期中的事业时经历的种种困难。作者介绍，要想成为一名能力出色的管理者，必须在这些困难当中得到历练。

韩国的组织中也应该调整结构，让90后人员发挥更广泛、更有趣的作用。可能的话，多创造具备自律性和拥有一定权限的岗位。在明确各项责任范围的同时，完善良性互动机制，帮助新生代加强对公司的了解与理解。当然，仅仅通过这种单纯的制度变化还很难激发90后的兴趣。最错误的例子便是有人认为在工作场所设置台球厅或游戏机可以提高他们的兴趣。公司并不会因为安放了娱乐设施便成为谷歌或脸书。比起制度上的变化，告诉90后的年轻人"通过工作可以学到很多东西"才是最重要的。假如我现在不能通过工作实现个人成长，那么现在所做的工作就失去了意义，成了被浪费的时间。但是，如果现在为工作所付出的时间能让我得到成长，那么工作就不仅仅只有赚钱的意义了。

对于韩国的90后来说，前面提到过的"工作与生活的平衡"问题尤为重要。但是在保证正常的劳动时间的同时，我们还要让他们认识到，从本质上来说，工作和生活并非完全对立。欧洲最伟大的思想管理大师查尔斯·汉迪（Charles Handy）2006年曾在其自传《思想者》（Myself and Other More Important Matters）中说，"工作和生活的平衡"本就是错误的说法,正确的提法应该是"工作的平衡"。亚马逊 CEO 杰夫·贝索斯则表示:"'工作和生活的平衡'是建立在一种交易关系的基础上,因此会让人感到疲惫,所以我不支持这种说法。"相比"工作与生活的平衡",自己更喜欢"工作和生活的和谐"这种说法。

延世大学教育系教授张元燮(音)在最近出版的著作《做回匠人》一书中强调,在工作失去意义的时代,"匠人精神"是解决一切问题的钥匙。书中说,现代工匠不再是固守传统技术,然后原封不动地进行传承的角色,而是虽拥有更高技艺,仍不断地学习、革新知识和技术,进行创造性工作。进一步说,通过在工作过程中加入更多的匠人要素,进行"作品的再构造",可以带来愉悦的小成就感。是选择靠每周只有两天的周末活着,其余五天都在地狱中度过,还是在工作时间内努力提升个人能力,实现自我,这既是个人的问题,同时也是管理 90 后的组织的问题。因为只有赋予员工更加有趣、有意义、与生活平衡的工作,才能更好地维持人力资源。

关于有趣的工作,还有一点需要补充,那就是,虽然新生代希望做有趣又有意义的工作,但这并不意味着他们愿意接受低酬劳。韩国企业总是过于强调"热情"一词,常见的情况是,高喊着对工作充满热情的口号,支付着与之不对等的劳动报酬。不能认为公司为 90 后提供了他们感兴趣的工作,便有权利降低他们的酬劳。事实上,新生代比以前的任何一代人都重视员工待遇。这里所说的待遇不仅仅包括年薪,还包括法定休假时间的保证、工作时间的遵守以及工作的灵活性等非经济性的待遇。"像狗一样赚钱,像宰相一样生活"(意为拼命赚完钱再去享受高品质的生活）的古话已经无法成为当今年轻人的座右铭了。

别阻止跳槽，去帮助他们

离职率是判断组织健全与否的代表性指标之一。掌握不同岗位职员的离职意向，寻找降低离职率的方案，这是 HR 工作的重要内容。那么，别阻止跳槽，要帮他们跳槽，这是什么意思呢？

最近，一些组织管理人员表示，有些 90 后的新员工从进入公司的那一瞬间开始就想跳槽，这非常令人惊讶。按照过去的经验，过去的一代人一般会积累 3 年以上的工作经验，再寻找其他就业机会。但 90 后一代不管有没有工作经历，只要认为没有必要继续留在公司，随时都可能离开。现在的管理者已经切身体会到，几乎没有什么力量能强制阻止 90 后的跳槽。能够阻止他们离开的方法只有一个，那就是帮助他们成长。但是，从对全世界 1980 年至 1995 年出生的千禧一代上班族实行的主题为"对自己实现成长目标的过程是否感到满意"的调查问卷显示，西班牙、墨西哥、法国、巴西、荷兰、美国等主要国家，70% 以上的人对该过程表示满意；而韩国只有 29% 的受访者表示满意，这一比例与日本并列世界最低。

美国通用电气公司的杰克·韦尔奇说过，企业不能保证每个人都能终身就业（Lifetime Employment），但能保证让他们获得终身的就业能力（Lifetime Employability）。90 后最需要的不是保障退休年龄这种虚无缥缈的保证，而是有助于个人发展的在职训练和教育。因此，企业管理者今后有必要改变一下"跳槽"的概念。

传统上，韩国的企业习惯把跳槽或试图跳槽视为对组织的敌对行为，同时给离职者打上抛弃并肩作战的同事、只顾自己出人头地的机会主义者的烙印。但是，有工作经验的员工拥有比新人更多的就业机会是不争的现实，与其持否定态度看待跳槽，不如顺势制订更加灵活的政策方案。

美国圣地亚哥大学法学教授奥利·洛贝尔（Orly Lobel）在其著作《有才华的人向往自由》（*Talent Wants to Be Free*）中强调，"假如企业能把离职者作为公司的潜在资源好好管理，最终的受益者仍是企业""没有必要试图阻止离职"，因为"自由的人才流动可以提高整个企业的效益"。在现实中，越是对离职持宽容态度的企业，越容易留住优秀人才，因为外部人才都想进入来去相对自由的公司。直到2018年，韩国的很多公司的规定中仍然有"禁止在同行业再就业"的条款。美国加利福尼亚州已经从法律上禁止了这种做法，纽约也在考虑立法。

从长远来看，妥善地对离职员工进行长期管理会给组织带来益处。第四次产业革命将会创造相互间更为紧密的商业模式，企业、产业间的生存边界被打破，竞争对手瞬间可能变成合作者，和曾经毫无关系的产业联合从而形成共赢的机会也在增加。在这种情况下，能帮助我们跨越界限、形成关系的便是那些曾经的离职者。正因如此，美国的宝洁、微软、麦肯锡、安永等跨国企业都建立了离职员工档案。

注释

1 李延白,《中国最大的电子商务交易企业阿里巴巴集团——"顾客至上"》,人民网韩语版,2013.5.5.

2 李仁默,《马云(阿里巴巴创立者)——要相信年轻人的力量》,《朝鲜商务》,2014.9.22.

3 卢承旭,《世界最大的电子商务企业阿里巴巴独占中国网上购物的70%,ebay、亚马逊"投降"》,《每日经济》,2018.2.19.

4 Trevor Noah,"Mock Millennials All You Want. Here's Why They Give Me Hope",*TIME*,2018.1.4.

5 《2015 经济总调查》,统计厅。

6 安义植,《象征中小企业的"9988"陷阱》,《首尔经济》,2018.4.19.

7 《2017年大学就业教育现状调查结果》,教育部和韩国职业能力开发院,2017.12.14.

8 金娜韩,《提前退休者"不适合本职务"的真相》,韩国《中央日报》,2017.6.16.

9　许胜、方胜浩,《政府将中小企业就业青年薪酬提至大企业标准》,《韩民族》,2018.3.15.

10　江英云,《十个职场人中有九个公司里存在"老大"……"老大"最爱说的话是——"你竟然胆敢……"》,《每日经济》,2017.2.22.

11　创意领导中心(Center of Creative Leadership)的"How to Be the Boss without Being the B-word(Bossy)"(有改动)。

12　金京哲,《新生代上班族伊菲族的登场》,《韩国日报》,1990.8.27.

13　金景银,《"工作与生活的平衡",你知道吗?》,《京乡新闻》,2017.7.28.

14　《工作与生活的平衡——经营新话题》,三星经济研究所,2006.6.《休闲生活白皮书》,文化体育部,2008.

15　《改变一下工作方式和文化吧!》,雇佣劳动部,2014.1.

16　申承熙,《上班族10人中有7人每个月加班一次以上》,Veritas-α,2017.12.19.

17　迈克尔·科肯,《不要再说"闪退"这个词了》,《赫芬顿邮报》(韩国版),2014.5.14,韩文版。

18　郑玉珠,《费了九牛二虎之力进入公司,但是30个大集团的平均连续工作年限只有"9.7年"》,newsis,2014.4.

19　尹镇植,《韩国企业深陷"形式主义"陷阱》,《韩国经济》,2014.7.23.

20　崔成镇,《每周工作52小时的时代到来……休息日加班包括在内》,《韩民族》,2018.7.1.

21　方贤德,《英国著名医学专家——为了健康,每周只能工作4天》,《联合新闻》,2014.2.

22　林华燮,《谷歌CEO佩奇——劳动时间减少是大势所趋》,《联合新闻》，2014.8.

23 朴锡元，《日本实现"每周休3天工作制"梦想》，《韩国日报》，2017.1.19.

24 金素妍，《每周4天集中工作，生产效率显著提高》，《韩国日报》，2018.7.22.

25 李珠惠，《死也不能放你走——拒绝员工辞职的日本企业……因为人手不足》，etoday，2018.9.19.

26 熊代享著，知非元译，《迷失一代心理学》，KL，2014，p.12.

27 徐承旭，《就业容易的日本……延续了70年的雇佣绅士协定将打破》，《中央日本》，2018.9.4.

28 金康来，《聘用方程式变化……互联网时代，按项目类别雇佣成为大势所趋》，《每日经济》，2014.8.

29 申型哲，《做YouTube新媒体担心会被解雇……上班族因"数码副业"看公司脸色》，《首尔新闻》，2018.8.30.

30 《90后管理：一场不可避免的"代际战争"》，2014年4月号，*LG China Insight*，2014.5.

31 石南俊，《体罚，彻夜行军……这是军队，还是给新员工培训？》，《朝鲜日报》，2012.1.22.

32 金孝实，《超级玛丽职业？刘敏相汉堡？午间知识问答〈午饭时间〉》，《韩民族》，2018.7.11.

33 Michael Bourne, "We Didn't Eat the Marshmallow. The Marshmallow Ate Us.", *The New York Times*，2014.1.12.

34 杨敏京，《跟美国军队学习千禧人才管理法》，《HR公告》，2018.7.20.

第三部

当 90 后成为消费主力军

01　90后引导的消费革命

"好坑"的诞生与反击

有一个单词是韩国国语词典中查不到,但90后经常用的,那就是"호갱"(好坑)。它是由意为"傻乎乎,容易被人利用"的"호구"(冤大头),和意为"고객님"(顾客)的网络隐语"고갱"合并而来的。部分网络社区将"호구"(冤大头)和"호갱"(好坑)列为禁用词后[1],又出现了"흑우"(黑牛)[2]、"흑두루미"(黑鹤)[3]等近义词。

"好坑"一词主要指在通信公司代理店或手机销售店的游说下,签订高额分期付款合约的消费者。但2010年以后,这个词超出特定

---

[1] 由于"호구"(冤大头)等词是从事网络虚拟货币交易的网友间经常使用的暗语,因此很多网站对这类词汇进行了屏蔽。
[2] 韩语发音与"호구"(冤大头)相似。
[3] 黑鹤的特点是脖子长、转动自如,用来比喻那些因缺乏定性而轻率投资,最后遭受损失的人。

产品和领域，开始用于整个商业活动。被额外收取了高额费用，被商家的商业手段所欺骗的顾客都被称作"好坑"。那么，"好坑"是如何出现的呢？

在商场上，企业经常使用这样一种销售战略，那就是向顾客隐瞒"可以进行最佳交易的场所"。在经济学模型展示的理想竞争状态下，消费者可以自由比较和选择产品，但现实中，完全的竞争状态很难实现。因为顾客寻找产品的时候需要花费成本，即寻觅成本（search cost）。电子商务兴起以前，消费者别说是上网搜索比较了，就连同一地区其他商店里的商品价格也很难知道。许多商家为了获利还会使用一些障眼法，让消费者难以判断何种价位的商品才符合自己的消费能力。例如，线下卖场通常会把高价产品柜台安排在比其他产品的柜台更显眼的位置，让消费者不容易找到便宜的产品。反复的产品降价优惠和价格上调的做法也让消费者难以确定到底哪里销售的商品最便宜。

但随着全球电子商务的发展，21世纪初，韩国出现了"DANAWA"和"eNuri"等价格比较网站，价格比较的盲点终于被消除。虽然这在一定程度上消除了消费者和生产者之间的信息不对称，但并不意味着所有的消费者都能以最低价进行合理购买。因为这时商家又开始想方设法在网上制造一些烟幕弹，以妨碍消费者进行正常的价格比较。例如，他们故意让网站上的商品混淆，很多商品虽然看起来都差不多，实际上却不一样，一时让人很难在价格上做比较。又或者把低价诱饵商品放到检索词的前几位，或设置悬浮广告窗，诱导消费者浏览相应的网站后,最终选择购买价格更高的商品。

不过,即使是在互联网发达的21世纪,仍有很多消费者没有意识到自己是"好坑"。但是随着目睹了老一辈人是如何成为"好坑"的90后正式成为消费主力军,一场消费革命正悄然拉开序幕。

2013年,韩国搜索网站上热度最高的动漫当属《进击的巨人》。作品主要讲述了"吃人的巨人"和"为了生存拼命抵抗巨人进攻的人类"的故事。在《进击的巨人》中,人类在100年的时间里,为了不被迷之怪物巨人捕食,建造了50米高的防护墙,并藏在里面以确保安全,延续生命。我们不妨将这个故事代入现代的企业和消费者身上。如果说在过去100年的生产者时代成长起来的企业是那个巨人,那么被困在信息不对称和消费框架中的消费者一直无力对抗巨人,只得筑起高墙。

但在《进击的巨人》中,人类反复研究巨人,最终开发出一种叫作"立体机动"的装置。在具备了对抗巨人的力量之后,人类开始发动对巨人的反击。在90后成为消费主力军的今天,消费者把网络和移动设备作为武器,向企业发起了反击。

"聪明的消费者"与"愚蠢的消费者"

工作3年的韩某(1994年生)加入了在线社区"聪明的消费者"。最近,她用达美航空公司的积分购买了去夏威夷的往返机票。在网上看到这个信息后,她开始向周围的朋友宣传这种会员制优惠。

除了办公时间,午饭休息时间和下班后她经常浏览 ppomppu

社区，以获取打折和团购信息。手机方面，她一般购买上市6个月左右的智能手机，本人及家人使用的手机基本都是免费或以10万韩元以下的价格购入。还有，如果看到卖得便宜的机子，她还会买回后设法重新出售。

2017年夏天，我再次见到了韩某，并在首尔的一家咖啡厅采访了她。她告诉我，我们现在喝的咖啡是用她还信用卡所得的优惠券买的。近年来，企业的打折、优惠活动信息一般都是通过共享社区和Kakao Talk等进行传播。不过，如果接触这类信息多了，是不是反而会助长购买冲动呢？听到我的担忧，她这样说：

"虽然我比较喜欢买东西，但不会看到打折就买一堆没用的东西回来。商家通常所说的'大减价'并不一定是真正的降价。我这样的人一般被说成'爱捡漏'，就是光挑打折的时候买，但这并不是什么违法或不道德的行为。我并没觉得自己有多聪明，但是我确实不会像一些长辈那样，花大价钱购买一些很廉价的东西。"

对老一辈人来说，想以最低价购入某种商品，肯定要付出一定的代价。20世纪80年代，为了以最低价买到好东西，少不了货比三家。如果哪件商品买得特别值，周围的人会觉得这是有智慧、很了不起的事情。就算有些东西买贵了，一般也很少会被人说成是"好坑"。

但是现在，情况不同了。从90后已经年满20岁的2010年起，花高价购买任何商品都会被人说成是"好坑"。在今天，成为一个"聪明的消费者"（Smart Consumer）是理所当然并且很自然的事情。相反，如果不能成为"聪明的消费者"，就会变成"愚蠢的消费者"。以较低的价格买到好商品不算什么了不起的事，但是比别人花更多的钱购买同样商品的人必然被说成"好坑"。

在这种情况下，利用信息的不对称获取超额利润的企业往往会被打上不道德的标签。在海外出售的大部分国产家电产品，如果通过海外直购，到手的价格都比直接在韩国国内购买的价格低廉，这已是众所周知的事实。也正是这样的常识进一步刺激了海外直购的繁荣。这是因为随着电子商务的发达，交易领域已经扩大至全世界，消费者完全可以对同一商品或服务进行充分的价格比较。至此，企业综合考虑内部、外部情况，人为制定商品价格的做法已不再适用。

刺激消费与抵制消费

目前，我们生活在一个资本主义仍广泛存在的时代。虽然社会存在两极化等诸多问题，但短期内这种状况仍会持续下去。正如美国新马克思主义理论家、文化批评家弗雷德里克·杰姆逊（Fredric Jameson）所说："有人曾说，在今天，想象世界末日比想象资本主义终结要容易。"[1] 18世纪以来，资本主义经历了多个发展阶段，20世纪后期，伴随着经济的发展，资本主义进入了现在的消费资本主义阶段。

鲍德里亚在1970年出版的《消费社会》（*La Societe de*

---

[1] 费雷德里克·杰姆逊在他发表于2003年的文章《未来城市》中提到了这句话，但他紧接着写道："但我们现在可以修正这句话，并见证一种尝试，以想象世界末日的方式来想象资本主义终结。"

Consommation)一书中，介绍了现代消费社会的结构和特点。根据他的观点，现代资本主义发展至产业资本主义阶段后，实现了生产资料和生产技术的巨大飞跃。其结果就是出现了生产过剩的结构性问题。如果不能持续消费，生产就要被迫停止，资本主义也会停止发展。需要"不断消费"的消费资本主义创造了"创造顾客需求"的口号。换句话来说，不需要的消费也要想办法把它创造出来。因此，刺激消费者的消费欲求就成了营销人员的当务之急。

从韩国国内的情况来看，随着20世纪80年代彩电的全面普及，营销的全盛时代拉开了帷幕。广告传播方面，ATL（above the line）发展迅猛，以电视、报纸、杂志、广播为中心的大众媒体传播战略日益成熟。

发生在1987年的六月民主抗争[1]对韩国的民主化进程起到了关键的推动作用，对企业的经营也产生了巨大的影响。在军事政权统治下，以安保和抓生产的名义长期被剥夺的劳动者的权利得以恢复。企业通过大幅提高劳动者工资稳定劳资关系，制造业的实际工资增长率从1987年的8.3%上升到1989年的18.3%。1987年至1996年的10年间平均上涨率为9.1%。由此，韩国的劳动者开始真正投入消费活动，生活模式也从"不饿肚子"转变为"拥有自己想要的东西"。这成为西方社会消费至上主义急剧涌入的契机。进入21世纪，当时

---

[1] 1987年，韩国民众为抗议全斗焕军事政府连任发起的大规模集会。这场民主运动最终成功阻止了全斗焕意图通过修改宪法进行第二次连任的野心，推动并实现了韩国历史上的首次总统直选。

韩国社会的主流70后和80后成为企业营销人员最大的营销目标人群。出现的多种营销方法在引领营销全盛期的同时，也带动了这一代人的持续消费。

2001年12月28日，出现的一则广告成为韩国广告史上的一座里程碑，它就是演员金静恩（音）拍摄的有名的《祝您发财》BC信用卡广告。宣告着2002年新年到来的这则广告已经远远超越了一个信用卡公司的广告效果，几乎创造了一个范式。以往每逢新年大家都说"新年快乐"，但现在，很多人说"祝您发财"。

事实上，在老一辈的意识深处，"为富"似乎必然"不仁"。钱多则意味着贪婪、自私，即只顾过好自己的日子，不管别人死活。从前流传下来的传统童话反映出的大多是这种思想，比如，大人们小时候都听过的《兴夫与游夫》[①]的故事，最终传达给孩子们的便是惩恶扬善的观念。另外，每到圣诞节荧屏上就会出现的"斯克鲁奇"（Scrooge）老人，是英国作家查尔斯·狄更斯创作于1843年的小说《圣诞颂歌》中的守财奴。由于这个人物形象深入人心，所以人们现在用"斯克鲁奇"来指那些小气、吝啬的人，也就是"铁公鸡"。

上面提到的这些故事的共同点便是批判财富的占有者，强调人活在世上要多行善事。但随着时代的推移，现在的人们无法继续站在善

[①] 游夫和兴夫是一对兄弟，哥哥游夫贪婪、残忍、为富不仁，对穷苦的弟弟兴夫百般虐待。兴夫因为救活了一只燕子，燕子给他衔来一粒葫芦种子，兴夫从结出的葫芦里得到大量的金银财宝和富丽堂皇的房舍。游夫见财心动故意摔伤燕子，然后再救活它，企图得到同样的报答。结果从葫芦里冒出各种鬼怪，游夫最终倾家荡产。兴夫不念旧恶接济哥哥，同过幸福生活。

良而贫穷的兴夫一边了，对吝啬鬼的批判也发生了变化。今天的社会比起节约，更注重消费。在消费资本主义阶段，消费即"美德"。

但是，90后反对这种消费至上主义，他们已经认识到消费本身就是营销的产物。当然，这并不意味着他们完全不消费。他们只是不会一味被动地接受企业营销的影响，而是根据自己的判断来选择消费。

2017年流行的一档综艺节目《金生民的收据》正是从这种消费至上主义出发，重塑积累、节约的时代精神，重新掀起一股"省钱妙法"的狂风。节目中常用的两句评语——"stupid"（愚蠢）和"great"（做得棒）也随着节目的播出流行起来。《金生民的收据》原本是播客节目《宋恩伊＆金淑的秘密保障》的苦恼商谈节目版块，受到听众们的广泛好评后，2017年6月19日分离为单独的节目，之后在播客排行榜获得了超前排名，吸引了大批粉丝。从2017年8月19日第11集开始，KBS 2TV将1小时长度的播客剪辑为15分钟播出。节目中，金生民会仔细分析收据，然后对申请人进行一定的分析，认为值得称赞的话，就高喊"great!"，认为需要批评则会说"stupid!"，以诱导人们合理消费。相反，金淑以"消费达人"的形象亮相，风格很接近视消费为美德的70后和80后。

很多分析认为，金生民喊出的"stupid"是对YOLO（You Only Live Once）一族过于热衷消费行为的一种警告。听众姜某（35岁）表示："虽然喊出'stupid'的瞬间感觉很搞笑，但是在YOLO一族都被动员消费的社会里，这个节目可以成为我们对消费的意义进行反思的契机。"大众文化评论家裴国南（音）表示："YOLO'活在当下'的人生信条在今天已经彻底沦为'及时享乐'的消费型价值导向。节目中的金生民象征着勤俭节约的传统价值，也意味着对过度消费的批判与抵制。"

遗憾的是，因为2018年金生民被曝出不光彩的绯闻事件，节目最终停播。另外，作为一档综艺节目，本身也难免有自身的局限性。但有一点可以确定，这档节目曾经赢得的超高人气恰恰反映出人们对现有消费万能主义的疲惫感。

消费过程轻松"不费劲"才是硬道理

避开长而繁，追求短而简，90后的这一特征在他们作为消费者时是如何体现出来的呢？首先，他们追求的简单远远不只是企业历来宣称的"让顾客满意"那么简单。这里所说的"顾客满意"概念可以追溯到1972年美国农业部发表的消费者对农产品的满意指数，以及1975年开始的历时5年根据美国消费者金融局的消费者意见处理调查得出的"Goodman理论"。这些做法将顾客的不满情绪定量指数化，在当时可以说具有划时代的意义。在美国、欧洲和日本，顾客满意经营成为企业经营的必需手段，在韩国，一般称之为顾客满意经营、消费者中心经营等。有一个时期，几乎所有企业都打出了"让顾客满意"的口号。90后却直言不讳："有一样东西比'让顾客满意'和'让顾客感动'更重要，那就是化繁为简。"

一个产品或服务要想成功，必须做到两点，那就是开发新客户，同时维护现有客户资源。因此，为了吸引新客户，一方面企业必须以潜在客户为对象，努力提高品牌知名度、打造品牌形象；另一方面要做好现有客户维护，就是要提供优质服务，以提高其满意度。也就是说，如果说企业的品牌战略目标是开发新客户，那么客户满意战略的目标则在于维护现有客户。

在新产品开发活跃、竞争激烈，消费者介入程度较低的日用消费品产业，为吸引新客户而做品牌推广虽然相对重要，但在决策过程复杂、消费者介入程度较高的耐用品或其他服务行业，客户满意度占的比重更大。另外，每年上市的新产品数量都在减少，产品之间的物理性差别也在减弱，多数市场进入了成熟期，客户消费心理萎缩，在这种情况下"让客户满意"便显得尤为重要。

但是有报告指出，客户满意度并不会立即转化为客户忠诚度。因为即使客户满意度很高，也有可能不会继续购买产品或续签服务。2010年，马修·狄克逊（Mathew Dixon）、卡伦·弗里曼（Karen Freeman）、尼古拉斯·托曼（Nicholas Toman）主持的一项超过75000人参与的研究表明，顾客满意度和品牌信任度之间的关系并不大。超出客户预期为其提供服务不仅不能提高客户的忠诚度，过分"取悦"客户反而会进一步提高顾客的期待值，削弱其对品牌的忠诚度。进一步来说，提高客户忠诚度靠的是产品质量和价值等核心利益，而不是附加服务。只有迅速解决客户的核心问题，客户忠诚度才能得到提高。

2010年《哈佛商业评论》的文章《停止取悦你的客户》（*Stop Trying to Delight Your Customers*）中，研究者首次提出了"客户费力度"(Customer Effort Score,简称 CES)的概念,用以评测客户忠诚度。评估结果表明,企业目前实行的"客户满意度"(Customer Satisfaction,简称 CSAT)指标在评测客户再次购买以及提高消费量的意愿方面效果不佳。此外,2005 年前后因被通用电气等企业采用而备受吹捧的"净推荐指数"(Net Promote Score,简称 NPS)一度被寄希望于能够代替现有的"客户满意度"指标,但实践证明这一指数的评测能力也较为一般。

CES 通过询问客户"您个人需要费多大的劲才能解决问题?"这一问题来打分,计分标准从 1 分(最不费劲)至 5 分(最费劲)不等。"几乎不费劲"的话 1 分;"需要费很大的劲"的话 5 分。分数越低,顾客为了解决问题而必须耗费的精力就越少,这将有助于提高客户的忠诚度。在声明没有太费力的客户中,94% 的人表达了希望再次购买的意愿,这足以说明 CES 的预测能力非常强大。虽然这种概念并非只适用于 90 后的消费者,但在消费过程中为客户减少麻烦、扫清障碍,这对于 90 后的消费者来说无疑是最重要的。

家庭便利食品畅销的背后

近年来,食品、餐饮业遭遇了发展"瓶颈",唯独家庭便利食品(Home Meal Replacement,简称 HMR)市场的增长势头迅猛。据农林畜产食品部和韩国农水产食品流通公社发表的《加工食品细分市场现状,便利食品市场报告书》显示,HMR 市场在 2015 年实现销售额 1.7 万亿韩元,2016 年和 2017 年分别达到 2.38 万亿韩元和 3.7 万亿韩元(推测值),在过去 3 年里等于实现了翻番式增长,预计到2018年年末将超过4万亿韩元。

如果对HMR的英文单词进行直译的话,本应是"在家里吃的替代餐"。[1]但是在韩国,一般不说"家庭替代餐",而是译成"家庭便利食品"。这意味着,比起在家里吃的概念,HMR的重点在于用餐的便利性上。

众所周知,韩国的"1人家庭"数量正在急剧增加。据统计厅统计,1～2人家庭的比例从2005年的42.2%增加到2015年的53.3%。根据个人情况,越来越多的人选择独居。在单人家庭成员中,20岁上下的年轻人占的比例最高,为18%。比起在家里解决一日三餐的传统饮食方式,他们在外面就餐或从便利店等处购买(半)成品食物的频率越来越高。需要看到的是,截至2018年,90后大部分已经年满20岁了,他们已经从之前以家庭为中心的饮食生活习惯,转为选择既节省时间,烹饪也更方便的便利产品。

与HMR市场的迅猛发展相反,快餐业和家庭餐厅①受此冲击正处于存亡之秋。2000年起,受到80后欢迎的家庭餐厅一度进入了全盛时代;但2005年以后,长期的经济低迷导致青年失业率增加,结婚率和生育率下降,人口结构随之迅速发生变化,家庭餐厅的营业模式也开始走下坡路。[2]尤其是90后两极化的消费模式,给其带来了致命性打击。80后喜欢在与恋人或家人的重要纪念日去家庭餐厅一起用餐,但90后平时吃饭非常好应付,特别的日子里则会去酒店之类的比较豪华的地方奢侈一次。[3]对于90后来说,家庭餐厅既不算什么

---

① "家庭餐厅"指以营造家庭氛围为基调,适合一家人来聚餐的休闲式餐厅。

特别的地方，也不是简单解决吃饭问题的地方。

极度追求便利的90后的消费方式给HMR以外的加工类食品也带来了很大影响。不仅HMR产品注重便利性，其他产品也全副武装，只为给消费者提供最大便利。这样，就算其他类别的产品销售欠佳，也可以靠便利型食品拉动整体业绩。这种例子在韩国企业中很常见。

随着HMR的风行和家庭烹调的减少，韩国代表性调味料品牌"大喜大"的销量持续下滑。于是，企业在新生代高度重视便利性的消费者调查结果的基础上，推出了内含所有作料的便利型调味产品"大喜大料理之神"。产品的亮点是主打"ALL in One 调味料"，即无须额外添加调料，只要有产品和食材就可以完成料理。

天然调味品[1]市场也呈现出同样的趋势。根据市场调查公司linkaztec的统计，2017年，天然调味料市场规模约为276亿韩元，总体分为粉末状、液状、汤包三大领域。其中，方便型汤包类约为76亿韩元，最近4年平均创出了42%的增长率。时下追求天然、新鲜、便利的饮食时尚让这类加工产品的销量持续增加。在高汤市场发达的日本，基础调料Hondashi的销量持续下滑，而液体高汤市场在2016年创下了相当于1300亿韩元的销售额，2016年至2018年3年的平均增长率达7%。

酱类产品也出现了同样的变化。以辣椒酱、大酱和包饭酱为代表的酱类产品自2010年起销量持续下降，只有添加了大蒜、辣椒面等

---

[1] 是指以动物、植物等为原料，通过物理提取，酶或酸分解，将香味等调味成分分离出来而制成的调味食品。

的便利型调味大酱产品呈现出增长势头。这是因为便利型调味大酱在大酱中又添加了其他调味品，煮大酱汤或炖汤时，不需要高汤或其他调料，只要有蔬菜和豆腐，就可以做出美味的大酱汤。

不喜欢给客服中心打电话

老一代如果对产品或服务有疑问或不满，一般会拨打相关企业的售后服务电话。但90后不一样，如果他们想咨询或反映问题，会先在自己的手机上搜索，然后在留言区留言或通过聊天工具进行咨询。也就是说，他们中的大多数人会首选非面对面的咨询方式。

出现这种变化的主要原因是，90后认为打电话太麻烦。如果给相关企业打电话，通常要转到ARS中心，中间要经过好几次转接才能解决问题。这让他们不喜欢直接打电话咨询问题。

新生代不喜欢通过电话咨询，咨询专员们的工作岗位便逐渐面临危机。英国牛津大学教授迈克尔·奥斯本（Michael Osborne）和卡尔·弗雷（Carl Frey）在2015年发表的论文中称，未来被机器人代替概率最高的职业是"电话推销员"。通过工作中需要的创意性、艺术性、社会性等九大要素数据体系，研究组预测"电话推销员"的被淘汰概率高达99%。但是，由于现在的年轻人很少通过服务电话咨询问题，在被机器人代替之前，很多电话营销人员已经面临着被解雇的危机。

当然，也不是给所有的咨询中心打电话都很麻烦。在首尔生活的金某（1997年生）每每在生活中有疑问或意见时，就会拨打120茶山呼叫中心咨询。金某说："以前有问题需要咨询时，需要到政府网站上找到负责该业务的部门，然后给他们打电话，经常需要等待或转接，但茶山呼叫中心成立后，中间的烦琐流程都省去了，非常方便。"

120茶山呼叫中心成立于2007年9月，是首尔市的综合民愿服务机构，一年365天、24小时全天候为首尔市和25个自治区、16个首尔市下属公共机关、企事业单位等提供信访咨询服务[①]。2010年，合并咨询实行一周年后，据首尔市的调查显示，合并前的日均咨询量为19707次，而统合后增至45140次，增加了一倍以上。咨询次数的暴增说明，首尔市民已经充分认识到了茶山呼叫中心提供的便利服务。

呼叫中心成立之前，首尔市在16个机构和25个自治区单独设立了69个自动应答电话。市民遇到民生问题时，常常弄不清楚应该拨打哪个电话。自动应答电话接通后，连接到人工服务需要很长时间，而且即使电话接通，要联系到具体的公务人员，中间也需要转接好几次。对首尔市2006年11月的调查结果显示，为咨询问题，市民和相应的公务人员接通电话所花费的平均时间为70.7分钟。另外，公务人员在繁忙的工作时间段随时可能接到电话，纷纷抱怨咨询电话太多无法集中精力工作。那时，市民给出的"民愿服务电话"满意度分数只有41分。为了改善服务，首尔市成立了120茶山呼叫中心。[4]

"茶山"二字本为朝鲜王朝后期实学家丁若镛的号，意思是要发

[①] 茶山呼叫中心以五种语言向本国人和外国人提供电话咨询服务，咨询范围包括生活问题、旅游指南、公共交通、三方口译、各种预约服务（酒店、表演、电影、外国人专用观光出租车等）。

扬他"为民""清廉""创意"之哲学精神，为民服务。创办茶山呼叫中心需要构筑标准电话咨询数据库，这遭到了很多基层公务员的反对。但是，首尔市强调，如果茶山呼叫中心能开办成功，公务员的业务量将大幅减少，节约出的时间可以用来做其他创意性工作。在首尔市长和其他主要负责人的斡旋下，呼叫中心克服重重困难，最终取得了各方的支持。开通后的茶山呼叫中心以迅速、准确、亲切地为市民提供民生问题咨询为宗旨，为市民提供一站式便民服务，还建立了数万个标准数据库。它的成功之处在于，将69个令出多门的机构电话统一为一个号码，大大简化了办事流程。

120茶山呼叫中心之所以能取得成功，除了因为建立了上述庞大的标准数据库，跟呼叫中心每一位咨询员的努力也是分不开的。为了培养咨询员迅速代查顾客咨询事项，并准确提供答复的能力，首尔市倾注了大量心血。首先，呼叫中心的咨询员全部都有正式员工身份。新职员每年接受240小时的市政/区政业务、顾客满意教育、自治区现场学习、接待实习等相关培训。在职咨询员每年也要接受144小时的业务咨询、补充教育、Q&A（问答）个人指导、安保教育等相关培训。另外还要去信访部门，在现场观察公务员如何处理信访问题，学习将处理问题的能力运用到自己的岗位上去。

了解到呼叫中心的很多咨询员经常遭到某些无理咨询者的侮辱和谩骂，首尔市向检察机关起诉了部分恶性滋事者，努力改善咨询员待遇。另外，由于呼叫中心之前是受民间委托的形式进行运营，为消除咨询员对职业稳定性的担忧，赋予其正式身份，2017年5月，首尔市直属的120茶山呼叫财团成立。民间企业脱胎换骨为公共机构，这在韩国还是首例。

令人鼓舞的是,这些举措已经取得了明显的成效。120茶山呼叫中心整合后一年的时间里,接待率从98.3%上升到99.2%,15秒内开始的咨询率从85.0%上升到91.3%,服务主要指标达成度也随之上升,顾客满意度也从93.6分上升到94.5分。这不仅是合并运营的结果,也是为了更快、更准确地解决市民问题,所有部门倾注努力的结果。

但是,茶山呼叫中心并没有止步于此,而是继续拓展服务功能。茶山呼叫中心不但为残障人士提供可视或网络服务,还开展了SNS(社交网络服务)、手机短信咨询服务以及针对在韩的外国人的咨询服务。

截至2018年,综合咨询服务已经运营满10年了,每年大约积累600万次的咨询数据。通过分析高频度出现的问题,可以更好地发现行政上的问题,并由此发现新的政策方向。

回到年轻人不喜欢直接给咨询中心打电话的问题上,如果只把原因归结为他们喜欢选择非面对面的咨询方式,就大错特错了。毕竟,这取决于商家能否最大限度地为顾客提供便利。人工智能(AI)时代广泛使用的聊天机器人(Chatter Robot)不可能完全替代人类,原因就在于此。

"连接"的权利

2000年,杰里米·里夫金(Jeremy Rifkin)在其著作《使用时代》(*The Age of Access*)中预言,"连接的时代"已经到来。就像印刷机在过去数百年里改变了人类的思想，今后的两个世纪，20 世纪发明的电脑将对人类意识产生更大的影响。从 20 世纪到 21 世纪，包括电脑在内的信息通信技术的发展造就了互联网链接的时代，伴随着网络成长起来的一代人 ——"数字原生代"（Digital Native）也随之诞生。

90 后对数码生活更为熟悉。数字原生代、智能手机一族、App 一代，这些都是用来定义 90 后的常见说法。但是在这里，最重要的不是只讨论如何通过互联网进行商业活动，而是弄清楚互联网的发展最终如何改变了 90 后。

对于 90 后一代来说，上网是他们的一项权利。正因为这是最理所当然也是最基本的需求，所以一旦被剥夺他们就会感到不安。因此，当无法携带智能手机或因电池没电导致手机关机时，这些年轻人会感到格外不安和恐慌，以至于出现了"低电量恐惧症"这样的词。网上也经常可以看到人们担心电池没电时的那种焦虑。网络上把机场、车站等公共场所到处找插座充电的人叫"电池乞丐"，这也是 SNS 上用来给现在的状态带话题的"主题标签（#）"中的常见词。目前来看，新生代的电池依赖症已经深入到了日常生活的每个角落。[5]

在各大品牌的咖啡连锁店的竞争中，充电问题如今也成为商家必须考虑的一个重要问题。一般来说，咖啡店里会有很多"咖学族"（泡在咖啡店里学习的人）和"Coffice[①]"（带着笔记本电脑在咖啡店

[①] 即 coffee 和 office 的合成词。

里办公的人），这些人一刻也离不开插座。曾表示"咖啡馆是边喝咖啡边休息的空间，所以我们只靠咖啡的口味一决胜败"的 Coffee Bin 因业绩不断下滑，2016 年开始在店内设置插座。而一直努力增设插座和大型共同桌、吧台桌的星巴克已经吸引了大批的"咖学族"，俨然成为"咖学族圣地"。

此外，韩国的军队中也发生了一些变化。自 2010 年开始，一些部队周围出现了一种新生意——专为军人们保管手机的"手机银行"。这说明在这个时代，通过智能手机和外部世界建立联系是多么重要的事情。过去在军队服役期间，考虑到安全问题，士兵们无法携带任何电子设备。但是，对于军队压制自由的批评之声越来越大，尤其对于 90 后的士兵来说，自由里面还包含着"上网的自由"。在强烈的呼吁下，部队放宽军人手机禁令终于迎来了一缕曙光。2018 年 3 月，在国防部发表的《2018—2022 年军人福利基本计划》中，有"允许完成任务的士兵在宿舍范围内使用手机"的推进目标。以保障国民基本权利为出发点推行的这项政策将首先在前方 11 个师团试点实行，计划自 2020 年起在全军推行。[1]

当然，也有不少人担心军队机密泄露、窃听或黑客攻击，对此持反对意见。但据国防部于 2018 年 7 月发表的《对士兵任务结束后使用手机的满意度调查》结果显示，96% 的士兵赞成在任务结束后使用手机，干部的赞成比例虽然低于士兵，但也有高达 72.9% 的人表

---

[1] 2020 年 7 月 1 日起，韩国国防部全面允许士兵在每日的任务结束后自由使用个人手机，士兵可在部队安全重地以外的所有地点自由使用手机，使用时间为平日晚 6 时至 10 时，休息日早 7 时至晚 10 时，其余时间统一保管或个人自行保管。

示赞成,持赞成态度的干部与士兵总共占89.6%。

另外,认为使用手机的最大好处是可以加强"与父母、朋友的联系"的人占47%,之后依次是"自我提升"(20%)、"信息检索"(18%),此外还有"发现问题时可以及时上报,避免损失""有助于今后求职"等。

90后为什么不去电影院看电影

一项颇让人意外的研究结果表明,十几岁的青少年不喜欢去电影院看电影的主要的原因中,回答"两个小时的时间里手机必须关机"的人最多。我做梦都没有想到,电影最大的敌人会是手机。[6]

—— 电影评论家郑成日

在80后即将步入20岁的20世纪末,韩国出现了多厅影院CGV[①]。之后,随着三成地铁站大型娱乐购物中心COEX也进驻了MegaBox影院,多厅影院的时代来临了。而在同一时期,随着手机的迅速普及,人们获得了随时随地通话和收发信息的自由。之后,公用电话逐渐消失,家庭电话也逐渐消失。电影院的观众当中,几乎没有人身上不带着手机。但是,随着手机普及率的提高,在影院看电影时经常会听到手机铃声或短信提示音,极大地影响了观影效果。无奈的影院只能提醒观众,在观影过程中要把手机关机或调成振动模式。

---

① 韩国市场占有率和消费者满意度最高的影院品牌。

慢慢地，电影院里的礼仪也发生了变化。在以前礼仪要求的基础上，现在又加上了手机礼仪，除了"请不要用脚踢前排座位""请把垃圾扔到垃圾桶里"以外，还有"请将手机关机或调成振动模式"。

也许是十多年的影院礼仪运动已初显成效，最近在电影院看电影很少听到手机的声音。但是，现在又出现了另一个问题——光的问题。观众反应，目前在影院观影时受到的最大干扰就是周围人明晃晃的手机屏幕。由"萤火虫"一词还衍生出了"屏火虫"这样的说法。目前，"屏火虫"被认为是影院里最让人反感的不自觉行为。为了防止这类问题发生，越来越多的电影院的礼仪告示语已从原来的"请将手机调成振动"，改成"手机的亮光和铃声会妨碍其他观众观影"。

但是，对于将上网的权利视作基本要求的新生代来说，仅靠礼仪运动还不足以解决问题。假如以后的年轻人宁可选择在两个小时中边看手机边看电影，而不愿意在电影院里关机两个小时只看电影，那么电影院的未来将一片黯淡。

1998年多厅影院出现后，电影产业实现了爆发式增长。1998年，韩国每年只有5000万名左右的电影观众，而电影振兴委员会的电影院入场券综合电算网统计结果显示，2017年观影人数已达到2亿1987万人次，创下历史最高纪录。但是考虑到韩国电影院的数量正在不断增加，2013年观影人数突破2亿人次后，电影产业其实呈现出了低增长势头。

CGV研究中心的大数据分析显示，来到电影院观看电影的年轻观众正持续减少。在全年CGV访客的各年龄层中，经常观看电影的

30～34岁观众从2015年的15.3%减少到2017年的14.1%，而作为未来核心顾客的十几岁人群所占比重也在持续下降，2013年的4.3%，到2017年已下降至2.8%。[7]乘坐飞机时，电子设备可以切换成除了切断通信，其他功能都可以使用的"飞行模式"，电影院里如果可以设置成一种不妨碍他人观影的"影院模式"，是否可行呢？2017年年初有传闻称，Apple的新版本中或将新增"影院模式"。[8]根据这一说法，影院模式能使智能手机的屏幕亮度减弱，但手机功能不会受到限制。如果安装了影院模式，使用者可以更自由地使用智能手机，其他人也会少受干扰。

但传闻最终没有成为现实。当然，即使真的引入了影院模式，电影院允许这种做法的可能性也并不高。在较长的一段时间里，这一问题一直是热点话题。2016年4月，美国最大院线AMC的首席执行官亚当·艾伦（Adam Aron）表示："在部分影院放映的过程中，将允许观众使用智能手机收发短信。"结果这一发言激起了强烈抗议，他只好在发言几小时后撤回了这一决定。这意味着，允许观众在观影过程中使用智能手机不仅仅是技术层面的问题，还是需要协商的事情。

不过，即使目前不能接受，今后若技术得到发展，消费者的观念发生变化，也许观影礼仪还会发生一些新的变化。

02　90后改变的消费版图

拒绝成为"好坑"的90后是如何改变消费版图的呢？90后抗拒在"老大说了算的组织"工作，同时拒绝购买"好坑企业"的产品和服务。所谓的"好坑企业"大致可分为以下四种类型：

第一，对职员和合作方进行"挑拨"等不正当行为的企业；第二，利用韩国国内的低质竞争状况，采取差价政策的企业；第三，为提高企业效益，有意降低产品质量的企业；第四，不对复杂的流程进行简化，给消费者带来不便的企业。

南阳乳业，因骂人风波和强卖事件声名大损

第一个类型的典型事例是2013年因强迫经销商加购产品而引发舆论关注的南阳乳业事件。当时的南阳乳业因涉嫌对经销商强卖产品，在韩国社会引发了轩然大波。所谓"强卖"，是指总公司强制让经销商承担超出其自身负担范围的产品数量，并诱导其进行强买强卖的行为。在南阳乳业事件中，一些经销商甚至要靠借钱来购买总部转嫁的但自身并没有订购的产品。这样的做法让经销商们陷入了销售和偿还债务的恶性循环。尤其当时处于"甲方"位置的南阳乳业 30 多岁的销售员对"乙方"50 多岁的经销商进行辱骂和威胁的电话录音在网络上公开后，事件持续发酵。

最终，南阳乳业社长就此次的骂人风波和强卖等营业问题向国民道歉，并承诺将补偿相关损失。但是大多数人的意见认为，出来道歉的只有代表理事和高管人员，没有看到因出售南阳乳业股份而成为众矢之的的会长，感觉不到道歉的诚意。另外，由于公平委①的调查和检察机关的扣押搜查已经开始，大部分人认为此时道歉已为时已晚。了解到南阳乳业的临时工比率为 31.6%，平均年薪也只达到最低薪酬标准后，网友的声讨声越来越大。得益于此，竞争对手每日乳业坐收渔翁之利。而且随着每日乳业每年不惜损失 4 亿韩元为先天性代谢异常的婴儿制作、销售特制奶粉的事实被媒体报道后，每日乳业的企业形象也得到了大幅提升。

之所以说南阳乳业事件影响恶劣，是因为它与其他因丑闻而引发公众抵制运动的商业事件不同，它对企业造成了长期的不良影响。韩国企业因不正当行为或其他安全问题，即使引发消费者抵制运动，也大多虎头蛇尾。虽然当时有人预言南阳乳业的抵制运动也会很快被淡忘，但实际情况是，2013 年，南阳乳业的年销售额减少了 9.9%，营

---

① 即韩国公平贸易委员会（Fair Trade Commission Republic of Korea）。

业利润出现了 174 亿 5600 万韩元的赤字,这是企业自 1994 年以来首次出现赤字。此后,南阳乳业在业界的排名不断下降,逐渐被曾经的竞争对手赶超,直到事件发生 5 年后的 2017 年,经营业绩仍在持续恶化。

龙山电子商街的没落

因不正当竞争遭到 90 后抛弃的另一个典型事例是龙山电子商街的没落。1987 年 7 月,清溪川世运商街一带的商人们根据政府的指令集体搬迁,形成了龙山电子商街。罗津商街、航站楼商街、电子乐园、电子塔商街等也紧随其后加入,一个电子产品圣地从此诞生,并逐渐发展成为代表韩国电子产业的商业圈。

20 世纪 90 年代的龙山电子商街对当时胸怀 IT 梦想的 70 后来说,是一个难得的信息交流中心。那时,有些设备只有到龙山才能看到,而且那里不断会有新产品出现。自然而然地,那里成了电脑、游戏机、程序等 IT 信息的大本营。当时由于三星和 LG 还不能制造成品 PC,所以商家们一般是从日本和中国台湾引进零件组装后再廉价出售。

2000 年前后,龙山电子商街的年销售额一度超过了 10 亿韩元,成为亚洲最大规模的 IT 商业街,一度被称为韩国 IT 产业的发源地、韩国的硅谷。但随着这一区域的竞争加剧,这里出现了一些被叫作"龙八夷"的不道德商人。他们偷换零件,以次充好,蒙蔽顾客。在韩国,他们被称为"21 世纪的凤伊金先达"[1],不但擅长招徕顾客,而

---

[1] 朝鲜半岛民间传说中骗术高超的时代骗神。

且偷售冒牌产品,甚至进行强卖。

大多数消费者仅仅是对IT比较感兴趣,但对电脑基本一窍不通,一些商家便利用这种信息的不对称来欺客。他们的目标对象一般不是"小白",而是那些"半吊子"。其中最具代表性的销售技术便是"锁定"。具体做法是商家用市场绝对不存在的低价格,使消费者被此价格锁定。消费者为了找到比该商家报出的价格更低的售价,终日在整条商街打听比较,却绝对不可能以这个价格购买到想要的商品。因为,只要他说出这家店报的价格,其他卖家便会明白该消费者已经被"锁定"了。最后,被"锁定"的消费者只得重新回到最初的店,但此时店主的态度已经变了,他会通过加卖配件等方法进行加价销售。

龙山在1990年年初迎来鼎盛期,2005年之后逐渐被网络购物所取代。值得注意的是,分布在韩国各地的电子商街中,尤以龙山电子商街的没落最快。而其中一个重要原因便是商家的不道德营销行为。消费者曾与龙山的商家们进行过谈判,但未能达成一致。而90后的应对方式是,直接不去龙山。就这样,红火一时的龙山商业街走上了下坡路,日渐萧条。

除了网络购物的因素以外,IT热潮已经达到饱和状态、电脑市场停止扩大也是其中的决定性因素。随着智能手机、平板电脑的市场变大,龙山商街原来主要销售的相机、MP3、笔记本、导航系统的市场规模随之变小,后续的恢复动力也不足。最后的回光返照是随着全国掀起网吧创业热,市场上又出现了大量的廉价组装电脑的需求。龙山电子商街原本是韩国最大的电子产品商业街,如今却走到了生命的终点,被列入了拆除计划。

戴森在韩"高价策略"宣告失败

1993年成立的英国企业戴森以打破家电产品常规的独特概念而闻名，设计并生产电风扇、手风扇、吹风机、真空吸尘器、无扇叶风扇、暖风机、加湿器、照明工具、圆珠笔等产品，是世界上最先开发出不需要集尘袋的真空吸尘器的企业。

问题是戴森唯独在韩国定价高昂。戴森将这一战略称作"高价策略"，但实际上这是一种差别定价政策。以2015年为准，吸尘器DC62版在韩国的出库价格为84.8万韩元，网络最低售价为75.8万韩元。但是在日本的出库价格是71794日元（约合66万韩元），比韩国的网络最低价还要便宜十几万韩元。DC62在美国的产品销售名称为DC59，售价439美元（约合48万韩元），直购的话比在韩国国内购买要便宜20万韩元以上。针对韩国国内消费者的价格抗议，戴森的宣传代理负责人表示："戴森通过总代理进入韩国后，考虑到各国的市场情况才制定的价格政策。"[9]

除了产品价格高昂，戴森突然上调售后服务中的耗材价格，也引起了韩国国内消费者的反感。对此，戴森方面的回复一直被认为是"没有诚意"的。而戴森的做法也不由得让人怀疑，这是它在上市初期市场占有率达到90%之后，在没有特别竞争对手的情况下，不断实现高增长的同时而采取的冒险战略。

据此，韩国消费者普遍认为戴森存在对韩欺客行为。这期间LG电子推出了手握式吸尘器"code zero A9"，另外，来自中国企业的品牌地贝和iRoom等同类产品也加入了竞争行列。2018年戴森在韩国市场的占有率跌至40%左右。

戴森吸尘器在韩国网络上以"让丈夫们动起来的吸尘器"而闻名。虽然价格昂贵，但至少品质与售价相符，丈夫们用它在家里打扫卫生得心应手。但是不断有顾客反映，戴森吸尘器的耐久性不够，且维修费用昂贵。2019年2月，美国权威消费杂志《消费者报告》明确指出，出于戴森吸尘器故障率极高，所以被移出了"推荐产品"榜单。

从戴森事例中我们应该学到的是，狂热于革新性产品的消费者随时也可能站到相反的立场。在自由竞争市场，产品的成败取决于消费者对产品质量和价格的自主评价，所以一味贬低戴森的商品和战略是不可取的。要明白的是，新一代的消费者重视公平公正，一定不能给他们留下负面的印象。唯独对韩国施行高价政策或提供差别化服务的公司现在已经很难在韩国开展经营活动了。家庭用吸尘器的主要消费者是不是90后并不重要，因为我们现在谈论的不是新生代本身，而是新时期的消费环境。

现代汽车因对韩国国内市场进行逆向歧视受到舆论指责

现代汽车虽然是韩国的代表性汽车品牌，但在韩国国内市场完全没有提供相应品质的服务。问题是，在韩国国内缺失的这部分服务在海外市场往往是正常提供的。这是因为汽车内需市场受到贸易壁垒的保护，即使韩国国内的消费者心有不满，也不得不购买国产车。尤其是在美国市场提供的保修期和召回服务，与韩国的情况简直是天壤之别。对此，一些人反驳说，内需汽车配套服务正在不断完善当中，但不可否认的是，出口汽车的各项服务当然也在不断改善之中。问题是，即使交同样的钱，得到的服务的差距也在变大。只要这种差距没有缩小，消费者的争议就不会平息。在韩国国内舆论对于现代汽车的批评声中，对韩国市场进行逆向歧视的看法占大多数。另外，现代汽车曾经以几乎半价的价格向美国出售过同一车型，而两国的建议售价也存在较大的差距。当然，美国的售价是不含各种附加税的供应价，韩国售价是供应价加上附加税后的金额。但是美国的售价总是低于韩国的售价，即使韩国生产的汽车出口到美国时是附加过关税的。

最让消费者无法接受的是，现代汽车在北美实行的保修期服务和融资选择在韩国并不存在。难怪有人说，还不如从美国买车然后运回韩国。当然，这种逆向歧视问题并非只存在于韩国国内的现代汽车，对于进口整装车行业同样适用。比如，特定进口车进入韩国后，在韩国的售价可能高于在美国或日本等其他国家的售价，或者价格相同，但是存在减配问题。如果确实存在这种情况，那么用户们会在宝贝梦想[1]等汽车相关网站发布视频和回帖，愤怒地声讨。

麦当劳怎样做才能不挨骂

汉堡快餐的代名词"麦当劳"于1988年3月在狎鸥亭洞罗德奥街开设第一家分店后，正式进军韩国餐饮市场。入驻韩国以来，作为美国文化象征的麦当劳深受年轻人喜爱。"新三麦"（新村站3号出口麦当劳）也成为中心商圈的热门场所。

但是，21世纪初兴起健康生活热潮后，汉堡和其他快餐行业的

---

[1] 即 Bobae Dream，既是网上二手车交易网站，同时也是汽车爱好者活动的网络社区。

竞争进一步加剧，加上 2008 年又发生了美国牛肉风波，汉堡开始面临危机。幸运的是，麦当劳每次都能化解危机，实现持续增长。如果说以往的危机来自外部环境的变化，那么现在麦当劳面临着多重危机。一度是韩国人最喜爱品牌之一的麦当劳最近成了"昌烈化"（形容商品质量与售价严重不符的新造词，具体详见后文）的代表性品牌。

从表面上来看，麦当劳的销售额自 2013 年以后持续增加（2013 年 4805 亿韩元、2014 年 5651 亿韩元、2015 年 6032 亿韩元），而实际上，麦当劳的本期净利润从 2013 年的 309 亿韩元下降至 2014 年的 41 亿韩元，2015 年亏损 131 亿韩元，出现了赤字。[10]

为强化收益，麦当劳进行了多种尝试，比如，推出"招牌汉堡"（Signature Burger），试图借此提高作为快餐的汉堡形象，同时实现创收。此外，麦当劳还推出了增加加盟店数量的经营战略。

问题出在了产品涨价的过程中。其实，上调价格是企业为改善收益性而采取的常见战略。但麦当劳在 2016 年以后进行的价格上调引发了韩国消费者的不满。2016 年，麦当劳上调产品价格的同时，上调配送服务的最低起送价；2017 年停产现有品种后推出的 Hambak Burger 也因名不副实、口味欠佳受到大众贬损。还不仅如此，2018 年麦当劳停止销售长久以来深受顾客喜爱的 Mc Lunch 套餐，将部分汉堡产品换成 Mc-all-day 套餐，这一做法也引起了很多顾客的不满，很多人认为更改后的产品性价比太低。

近年来的麦当劳之所以受到顾客如此多的苛责，和 2016 年发生的溶血性尿毒综合征（HUS）疑云事件难脱干系。不过，司法当局已经判决当事方无嫌疑，对案件也不再追究。但是，对于麦当劳在韩

国遭受的舆论危机,笔者认为有必要从以下两个方面进行解读:

第一,以新生代顾客为主力的当今消费者所拥有信息的质和量已非昔日可比。韩国国内消费者批评麦当劳上调价格的意见非常详细具体。例如,除了价格上涨,消费者还指出,麦当劳把部分汉堡包的面饼换成了低价面饼。比如,把1955汉堡的"1955专用面饼"换成低价的"四分之一面饼"。当然,在哪一种面饼的成本更低或更贵的问题上,制造商会比顾客更加清楚,由于原价部分涉及商业秘密,所以没必要一定公开。但是,如果一些传闻与事实不符,就有必要主动向消费者做出解释并澄清。另外,虽然企业有权决定以收益性为主的经营方式,但是企业用于改善收益性的做法有可能被认为是过度追求利润的行为,因此应该尤其谨慎。

第二,为了消除部分消费者对汉堡制作的误解(如汉堡包是将牛肉和内脏一起磨碎制作的说法)而开展的各种活动,是否真正满足了今天的消费者所期待的"信赖的系统化"。为增进消费者的安全认识,麦当劳开展过多种活动。如在"厨房公开日",消费者可以亲自参观制作汉堡的厨房卫生情况以及烹饪过程。不过,需要注意的是,这类活动中虽然大多数顾客都表现出了较高满意度,但是稍有不慎就会沦为刻意做给顾客看的形式主义。毕竟消费者真正希望的并非一时的食品安全体验,而是能够改善食品安全体系。比起直接去厨房检查卫生,他们更希望通过全天候的画面监控,让烹饪过程完全公开可信。

"氮气零食"带来的启示

"氮气零食"的意思是买氮气赠送的零食,是消费者对零食包装里只有少量食品，其余都是氮气的过度包装行为的揶揄。零食产品的建议零售价持续上涨，食品的量却越来越少。产品包装使用氮气是为了防止食品受到冲击，以及防止氧化，可氮气的比重越来越高，于是顾客们想出了这样一个令人哭笑不得的绰号。还有一些零食爱好者打趣说："加入零食是为了保护里面的氮气。"

某外国网站曾曝光过韩国薯片，并评论道："这是别人吃剩下的吗？"日本的薯片售价在1000韩元左右，不比韩国贵，但量非常多。据说，一次一个日本留学生在韩国买了零食后，见里面的东西那么少，还以为是次品，于是要求退款。当得知这并非次品，而且食品量完全符合标准后，该留学生在回国之前再也没有买过韩国的零食。当然，从制造商的立场来看，土豆片的形状各异，非常易碎，所以必须填满氮气，但是这似乎很难逃过来自消费者的谴责。

有趣的是消费者的反应。电视上曾介绍过，由于零食包装里大部分都是氮气，可以用来做救生圈。2012年西大门区政府民防卫教官（同时也是现役搜救队员）也曾在演讲中表示，发生溺水事故时，未开封的零食袋可以用来制作救生阀。他告诉大家，把三四袋零食放入黑色的塑料袋后绑住袋口，或者是练歌房里吃的那种400克的大容量零食袋，都可以直接充当简易的救生设备。

事实上，食品的量相比包装较少的问题本身不应该受到批评。要想比较价格，只需将产品内装物以每克的价格进行计算后进行比较就可以了。但是，韩国国内零食类的价格日益上调，制造企业已经很难再用"原材料价格上涨"的说法应付消费者了。如果说原材料价格上涨，可以在减少内容物数量的同时维持原价格，或者维持原有数量的同时价格适当上调。但现实情况是很多产品价格上涨的同时，内容物减少了。

自从零食企业打出健康食品的口号，并实施优质营销策略，这种怪现象有愈演愈烈之势。既然是人工制造的食品，就不可避免地会使用一些添加物，但企业的宣传让人误以为食品中完全不含有此类物质。与此同时，商家费尽心机地在食品包装上大玩花样，于是自然而然地，商品的价格也悄悄涨上去了。事实上，这确实进一步加剧了零食的价格上升和过度包装。

另外，由于零食的主要消费层都集中在未成年人群，社会上的批评之声也就愈加激烈。后来一些企业又推出了比现有的食品包装最多减少 10% 的商品，但实际上，大多数商品只是减少了包装，内容物的量并没有变化。

最终，韩国环境部决定从 2013 年 7 月开始集中整治充氮零食。假如食品包装中的气体空间超过 35%，将被处以 300 万韩元以下的罚款。但是，这一治理措施并未收到预期成效，花里胡哨的零食包装丝毫没有收敛。终于，消费者站出来了，他们大多是 90 后，是经常购买和食用零食企业的高价产品，而且也是最愤怒的一群人。度过青少年时期的他们已经长大成人，具备了购买能力，而他们的反击也慢慢地开始了。

引领啤酒市场新变化

全世界有 2 万～3 万种啤酒，而韩国市场长期以来被 OB 啤酒和海特啤酒两分天下。垄断运营的韩国啤酒市场的弊端之严重程度远超想象。2012年，英国《经济学家》的记者丹尼尔·图德（Daniel Tudor）曾说："韩国啤酒味道太淡，不如朝鲜的大同江啤酒好喝。"该记者对韩国啤酒的味道如此直言不讳，进一步引发了关于韩国啤酒"缺乏个性"的争议。

不仅啤酒的味道被评价没有个性，就连啤酒的价格也出人意料地高度一致。事实上，售价问题就是市场寡头垄断带来的最直接的问题。啤酒公司给出的勉强解释是，啤酒出厂价的52%是各种税费，剩下的都是包装材料、内容物、生产设备的费用，因此所有啤酒的价格都差不多。即使这一说法属实，依然令人咂舌。

与此相关的另一件事情是2012年年末媒体披露的"生啤杯的秘密"。在啤酒屋喝生啤的时候，相信很多人都对酒杯的容量产生过怀疑。越是大号杯子，越是如此。根据当时的报道，情况最严重的时候，生啤营业场所提供的酒水竟然比顾客要求的量少23%。事实一经公开便引起消费者的公愤。这是消费者院对江南站等首尔6个地区90个啤酒屋的实际供给量进行测定后得出的结论。随后，消费者院敦促业界制定措施，以改善营业场所提供虚假酒水量的问题。啤酒制造商们也坚决承诺，从2013年开始普遍使用有刻度的生啤酒杯。

但直到2018年，这一承诺仍未兑现。"生啤杯的秘密"被揭开以后，笔者又去过很多次啤酒屋，但遗憾的是并未发现杯子与以前的杯子有什么不同。消费者院曾向业界提出如下建议：

> 啤酒屋使用的生啤杯无法让消费者确认定量，因此有必要明确标

示容量线。酒水销售场所应该积极购买标有明确容量线的生啤杯，向消费者提供的菜单上应标明准确的供应量。

就这样，长久以来视消费者为"好坑"的韩国啤酒界逐渐迎来了多事之秋，外部世界战云密布。首先，进口啤酒的销售比重正逐渐增高，而且大型超市和啤酒流通企业都热衷于进口啤酒，再加上这类啤酒的价格也较之过去下降了很多，这些因素为进口啤酒的崛起提供了良机。

那么，进口啤酒的增长势头到底有多猛呢？2016年以前，进口啤酒的销售量还仅为韩国国内啤酒总销售量的3%，而2018年却以每年两倍的速度迅速增长，不知不觉间已达到了韩国国内啤酒总销售量的10%。也就是说，在短短10年的时间里，韩国国内的啤酒进口量增长了近7倍。

面对寡头垄断的国产啤酒市场，零售巨头乐天也加入了这场战斗。一些企业纷纷推出新品，或对原有产品进行更新换代，苦思对策。同时，为了满足进口啤酒带来的消费者的多种需求，啤酒生产企业争先恐后地推出各种顶级啤酒。慢慢地，长期紧紧锁住啤酒市场的门闩和枷锁终于出现了松动。

自2009年起，90后作为成年人，正式成为啤酒公司的消费者。他们的态度很明确，那就是坚决拒绝成为企业眼中的"好坑"。事实上，给过去50年波澜不惊的国产啤酒市场带来变化的正是他们，今后加速这种变化的也将是他们。

"微型酒屋"的出现

洪常秀导演的电影《我们善熙》（2013年上映）中，有一幕是善熙在学校前面的啤酒屋看菜单。

店员：您要点什么？

善熙：来一瓶啤酒吧。

店员：要哪一种呢？

善熙：随便给我一瓶就行。

店员：我们这里一定要点炸鸡呢……

善熙：啊，是吗？我肚子不饿，只想喝杯啤酒，不可以吗？

店员：不可以的，一定要点炸鸡呢。

善熙：好吧。

炎热的夏天，谁都想喝一杯啤酒。我们当中肯定有很多人也像剧中的善熙那样，因为点不起昂贵的下酒菜而感到难堪。虽然不是特别严重的事情，但总归会让人心里不舒服。在这里，有一种需求是消费者本身都没有觉察到的。而由此捕捉到商机的正是2013年开始出现的微型酒屋。

所谓的"微型酒屋"是指可以以十分低廉的价格享受酒水和下酒菜的小型酒吧。狎鸥亭的Bonggu Beer、清潭洞的malja沙龙和Dalbong Potato等都是有名的微型酒屋。原本三三两两出现在小巷子里的这种低价连锁酒屋，不知不觉间已经占领了各大繁华商圈和大学街，在创业市场的人气也一路飙升。2012年Bonggu Beer以釜山地区为据点逐渐扩大范围，两年后在全国开了450多家分店。

当然，这种微型酒屋之所以能在如此短的时间内遍地开花，和长期经济不景气的形势下低成本投资的特许经营创业备受关注是分不开的。不同于咖啡连锁店加上店铺租赁费后动辄五六亿韩元的巨额投资，投资一家微型酒屋仅需1.2亿～1.5亿韩元，而且微型酒屋主要位于街头巷尾，租赁费相比中心商圈和繁华地带低廉得多。

在微型酒屋，大约只需2500韩元便可以喝到奶油生啤，炸薯条的价格也基本不会超过5000韩元。两个人去的话，1万韩元就够了。

也有人分析说，随着20世纪90年代老百姓常去的大排档在各种管制下消失，必须有新的空间来解决"再来一杯吧"的韩国固有的酒文化问题。不管哪个年代，总有一些人，他们最爱去那种朴素又家常的环境里喝酒。很多90后想小饮几杯的时候，一般不会点过多的佐菜，因为他们最讨厌成为"好坑"。

海外直购的兴起及因此面临危机的行业

随着通过网络直接从海外购买商品的海外直购数量剧增，韩国的国内产业格局开始出现变动。2017年，海外直购总数为2359万件，规模达21.1亿美元。与2016年的1740万件，16.3454亿美元相比，件数和金额分别增加了36%和29.1%。这远远超过近5年来的海外直购平均增长率27.0%。据分析，海外直购兴起的主要原因包括汇率下跌，以及中国的"双十一"、美国的"黑色星期五"等全球打折活动带来的消费刺激。

随着中国和日本直购的大幅增加，各国的占有率排名也发生了变化。从各国情况来看，美国以57%居首位，中国以17%超过欧洲居第二位。欧洲占15%，日本占9%。总体来看，美国直购仍以1330.2万件（12.1463亿美元）位居榜首，但占有率（件数基准值）由2015年的73%下降到2016年的65%，2017年继续下降为56%，呈现下滑之势。中国从2016年的193.7万件增加到2017年的408.8万件，增幅高达111%，直购金额也从1.51亿美元增至2.72亿美元，增加了81%。日本2017年为202万件（1亿3682万美元），比前一年的99万2000件（7642万美元）增加了103%（金额增长79%）。从商品种类来看，健康功能食品最多，达497万件。紧随其后的是化妆品（287万件）和其他食品（282万件）。电子产品直购也出现了高达80%的增长率。其中家用吸尘器增长252%，涨势最为明显。

随着海外直购的迅速崛起，以零售业为中心的产业界也掀起了不小的风波。除了为海外直购产品提供售后服务的企业不断增加以外，在价格上丧失优势的企业也逐渐受到排挤。可以预见，海外直购今后的发展势头在很长一段时间内仍将不减。那么，因此面临危机的行业有哪些呢？

实际上，海外直购的兴起并非一朝一夕形成的，而是经济全球化带来的自然竞争。至此，国家之间的商品、服务、资本这些可以自由移动的经济体制也逐渐浮出了水面。可以说，现在的商品比人更容易过境。如此一来，新世界百货商店的竞争对手已经不再是乐天百货和现代百货，而是像美国亚马逊和中国的淘宝网一样，已经扩大到了海外跨国电子商务企业。

海外直购的爆发性增长首先会导致与线下流通渠道关系最为密切的商场业受到巨大冲击，其次韩国国内流通行业整体也将面临危机。商场之所以成为第一次危机的震中，是因为在网上可以看到其入驻品牌，包括一度在商场内部垄断经营的那些大牌产品。

另一个难题是，畅销的品牌比起依靠传统的销售渠道，更注重自主的流通和销售战略。例如，兼顾线上和线下卖场的苹果不通过其他流通企业销售。与之相反，耐克等品牌虽然也直接运营线上和线下卖场，但其商品在其他商场或网上购物网站上也可以购买。日本的优衣库、美国的GAP、西班牙的ZARA等近年来崛起的服装品牌也一样。他们将企划、生产、流通、营销等过程垂直合并，快速、高效地进行生产和销售，即可以自己动手，就没有必要依赖流通企业。

可以预见的是，这种危机状况很有可能从线下商场扩散到整个流通产业。因为在海外直购增加的情况下，流通大企业势必围绕大品牌或高价商品进行改编重组，这样一来必然失去很多年轻的顾客。如何迎合不愿成为"好坑"的90后顾客群的口味？这是一个难题。毕竟，韩国流通企业的营业利润率一向高达30%至40%，要和营业利润率几乎为零、同时掌握平台的亚马逊展开竞争，绝非易事。

延世大学信息研究生院教授赵光洙（音）在自己的博客上发文指出，韩国国内流通企业之所以会面临这样的危机，是因为"流通行业缺乏21世纪用户体验的概念"。过去，流通企业掌握着连接制造产品和消费者的平台，牢牢控制着流通领域。大多数流通企业没有考虑消费者的需求，而是通过垄断生产者以战胜竞争对手，即采取以供应者为中心的经营战略。

但是，在目前必须以消费者为中心提供服务的状况下，危机已然来临。当然，这种危机不是肉眼直接可见的，因为年轻的消费者的离开是无声无息的。在新生代消费群面前，传统的商品流通行业必须做出改变，其他行业也一样。

温水煮青蛙——拒当"好坑"

其实不只90后拒当"好坑"，老一代人也不愿意抛弃消费者的权利。老一代的消费者对高价购物也非常反感，如果认为自身权益受到了侵害，他们也会积极反抗。和现在相比，过去他们对一些企业和商品掀起的抵制运动有过之而无不及，发生在从前的消费者抗议活动也数不胜数。但新生代消费者的抵制没那么轰轰烈烈，如果他们认为企业把自己当作"好坑"，就会默默地转移消费对象，即用转移目标的方式无声地跟该产品或服务说拜拜。

龙山电子商街并非一夜之间走向没落的。真相是他们在不知不觉中失去了客户群，最终只能关门大吉。年青一代的消费者并非有意抵制龙山电子商街，他们只是单纯地不想成为"好坑"，于是将需求和目光转向了他处。这种方式就像温水煮青蛙，让企业在不知不觉间走向生命的终点。

新一代的变化对企业来说恰似"无形的威胁"。因为看不见，所以更危险。目前企业尚未表现出什么特别的动向，销售额和利润值暂时也没有出现大的回落。但如果相关负责人长期观察发现顾客流失问题，想要改善问题的时候，也许为时已晚矣。

03　如何俘获90后消费者的心

在前面，我们分析了90后消费者为避免成为"好坑"而采取的策略，以及因他们做出合理选择而遭受冷遇的产品和产业。那么，用什么方法可以抓住90后消费者的心呢？

商品名称要简短

连锁便利店CU推出了以十几岁的青少年之间流行的初声体[①]命名的甜点蛋糕。2017年12月，CU推出了名为"ㅇㄱㄹㅇㅂㅂㄱ"（无可辩驳）的巧克力奶油蛋糕，极受欢迎。之后CU趁热打铁，陆续推出了"ㄷㅇ？ㅇㅂㄱ"（同意吗？嗯，至理名言）、"ㅇㅈ？ㅇㅇㅈ"（承认吗？嗯，承认）等名字命名的后续产品。相关人士解释说，"便

---

① 韩语是由元音和辅音构成的拼音文字，由初声、中声、终声构成。"初声"即每个音节的首个辅音。

利店甜点的主要消费人群是 10 岁至 20 多岁的青少年，我们的目标便是通过他们之间常用的流行语来吸引他们的关注""从反响方面来看，很多消费者在社交媒体上拍照打卡，对产品的喜爱溢于言表"。[11]

当然，不同于 20 多岁的 90 后和十几岁的 00 后青少年们对此表现出的狂热态度，被推定为老一辈人的网友们则纷纷留言表示，这样的名称令人费解。"每次去便利店都好奇这是什么东西""还以为名字印刷错了""别人告诉过我很多次，但就是记不住这些名字"，等等。[12]

就这样，缩略语的极端形态——初声体产品名称逐渐流行开来。三立食品紧跟潮流，在 2018 年推出了"ㅋㄷㄷ"（又大又甜的红豆面包）和"ㅋㄱㅅ"（又大又香的菠萝包）。这些产品与 CU 三大甜点蛋糕一样，使用了 90 后惯用的语言来宣传产品物美价廉的特性。

但是，使用新一代的语言时有一点很重要，那就是不能盲目照搬或勉强硬套，而要充分考虑产品内容中使用相应语言时，能否较为直观地反映其特性。例如，CU 的"ㅇㄱㄹㅇ ㅂㅂㄱ"（无可辩驳）强调了该甜点产品"虽然量大到无法反驳，但价格便宜"的重要特征。

这里也有反面教材。2018 年年初，SK 电信在网络和部分电视媒体上发布了名为"新学期选择 T 世界"的电视广告，结果引发了是否乱用"食堂体"的争议，最终 SK 停播了这一广告。

到 2005 年为止，SK 电信拍摄了一连串的 TTL 广告①，无一不是

---

① 向来标榜神秘主义品牌战略的 SK 电信从未公开过 TTL 的含义。对"TTL"的全名，网友们有"The Twentieth Love""Time To Love""Time To Live"等猜测。

打动10～20岁青少年的精品。上文提到的广告应该也是希望通过目标顾客群使用的语言,传达这一特定人群的独特感性。广告字幕中在食堂体部分后面用括号加注了标准语,显然是想尽量减少争议。但是,批评这是一种"语言破坏"的声音越来越大,最后该广告只好迅速撤档。

化繁为简技术的发展

2016年,在瑞士达沃斯举行的世界经济论坛的主题是"掌控第四次工业革命"。随着谷歌旗下Deep Mind开发的人工智能AlphaGo击败顶尖棋手李世石,韩国也掀起了第四次产业革命的浪潮。虽然世界各国有工业4.0(Industry 4.0)、数字化转型(Digital Transformation)等多种名称,但它们在字典中的释义都是"通过信息通信技术(ICT)融合产生的新产业革命"。这意味着人工智能、物联网等IT技术与其他产业出现了融合。

之所以在此提及第四次工业革命,是因为融合技术的发展方向开始向新生代最渴望的"最大限度地减少烦琐"靠近。让我们从贴近现实生活的变化看起吧。

世界最大的电子商务企业亚马逊2018年推出了名为"Amazon Go"的无人售货超市。这家无人超市最大的特点就是没有收银台,当然也不需要扫描条形码或纸质发票。在这里,只要在入口处打开App,识别出亚马逊账号,就可以将想要的产品装进购物篮,然后直接出来,完成购物。卖场内部,传感器和摄像头会仔细观察卖场的各个角落，然后将顾客购物篮里的商品自动进行结算，再将收据传送到顾客的智能手机上。

当然，出现这种购物环境变化的不只是美国的亚马逊。中国的阿里巴巴在 2016 年就推出了盒马鲜生超市，2018 年盒马在中国一、二线城市门店已超 60 家。盒马购物、用餐、送餐一体化的互动式门店体验非常抢眼。在这里，每个商品对应的销售标签都采用电子墨水屏显示，它们连接了网络，可以根据商品市场信息变化自动更新价格等信息。将面部对准人脸识别相机，就可以启动支付宝自动进行结算支付。另外，在门店附近 3 公里范围内，顾客可享受 30 分钟送货上门的快速配送服务。如果顾客有用餐要求，盒马还可以现场对初级生鲜产品进行烹饪加工，为消费者试吃尝鲜提供平台。[13] 在中国，阿里巴巴所做的已经领先亚马逊一步。

在购物环境的变化中，最重要的当然不是单纯的有人和没人的差异。并不是商场里面没有人就一定很便利，顾客在购物过程中可能需要咨询各种问题，这个时候商场里有人才更方便。但购物环境发生的改变当中重要的几点是，在无人卖场挑选好商品后，不需要排队等候，也不需要从钱包里掏出银行卡。这就解决了新生代最怕麻烦的问题。

如果技术发展的方向不是着眼于为消费者提供便利，而是着眼于店铺管理，那么将很难得到新生代的支持。实际上在日本和韩国也有无人店铺，但是，日本和韩国都把精力集中在了"人员的减少"上，并没有通过无人化最大限度地实现消费者的便利。来看一个例子。

韩国的无人便利店 1 号位于乐天世界塔 31 层。如果想去 31 层，首先要去大厅服务台找接待人员，领取出入证。到达 31 层后，若想使用无人便利店，必须加入乐天会员，并使用乐天卡。为此需要同意查询信用信息，结算时要输入自己的手机号码。所购物品也需要一一扫描才可以进行结算。另外，为了实现"Handpay"[①]智能结算，需要进行静脉认证。[14] 如此烦琐的无人化，自然不会受欢迎。

当然，韩国国内并非只有失败案例。在前面提到的家庭便利食品市场上，便有通过小的技术改变实现最大便利的事例。便利食品品牌"Whistling Cook"发明了一种独特的包装技术，可以让食品处于最佳食用状态时，用声音提示消费者。当然，重点其实并不在于食物的味道，而在于提示音会提醒你结束烹饪。该产品的忠实用户——1992 年生的金某表示："我并不是一定想要'让食物最可口的温度'，而是为了在用微波炉进行烹调时，不需要另外设定时间。"

此外，还出现了无须剥离产品包装，直接就可以烹饪的容器一体型套餐。最近，易买得（E-mart）推出了无须烹调容器的蔬菜饭桌系列便利食品，分为蘑菇大酱汤、蘑菇什锦火锅、蘑菇部队汤。产品的容器本身就可以起到锅的作用，可以直接放在火上烹饪，该容器已在英国、加拿大、美国、意大利得到食品安全认证。作为一种特殊烹饪容器，该包装即使直接接触明火也不会燃烧或产生环境激素。1.1 毫米厚的铝质不仅可以在煤气灶上使用，还可以在微波炉、烤箱中随意使用。乐天食品则在高级速食品牌"chefood"的饺子产品

---

① 指用手掌静脉认证就能简单结算的服务。

"chefood 肉饺"中引进了蒸汽包装技术,即使在带着包装的状态下也可以使用微波炉烹饪。包装膨胀后,可以有效防止水分的流失,稍等片刻,蒸汽就会通过排放口自动排放出去,大约两分钟就可以吃到可口的饺子。[15] 这些通过小的技术变化大大提高了消费者便利度的产品,自然会受到崇尚简约的年轻人的青睐。

周末在折扣店之类的卖场购物通常被视作一种休闲。尤其是在那些娱乐设施欠缺的城市,周末与家人一起推着购物车到卖场试吃食品、体验新产品是很多人的周末休闲方式。但是 90 后不喜欢这种线下购物。在他们看来,在收银台前面排队简直是在浪费时间,他们希望尽可能地缩短线下购物的时间。

Market Curly 是一家配送优质食材的初创企业。只要前一天晚上 11 点之前通过 App 下单,第二天早上 7 点之前,新鲜的食材就会送上门。目前该企业的注册用户为 60 万人,日订单量超过 1 万件。送餐公司"送餐民族"将原来专门配送新鲜食品的子公司"Baemin Fresh"更名为"BaeMinChan",正式进军 HMR 市场,"自己做饭"系列是其代表产品。消费者在中午 1 点之前下单,第二天早上 7 点之前便可收到产品。

被称为"行走的便利店"的全国 1 万多名"饮乐多阿姨"也在 HMR 市场掀起了一股小旋风。该企业于 2017 年推出了 HMR 专门品牌"eats on",提供配送包括汤类在内的各类菜肴和"meal-kit"(包括半成品净菜和调料的便利食品)。仅一年的时间,"eats on"就售出了 345 万件产品。[16]

年轻人爱看 YouTube 的另一个原因

应用软件分析网站 Wise App 公开的资料显示，从 2016 年 3 月至 2018 年 2 月，韩国国内 YouTube 的总浏览时间为 257 亿分钟，力压 Kakao Talk、Naver，位居第一。2016 年前，这一数字大约只有 79 亿分钟，在所有软件中排第 3 位，但通过数据可以发现，两年左右的时间里这一数字足足增长了 3 倍以上。另外，YouTube 在所有手机视频应用程序中的使用时间占有率为 85.6%，远远超过了 Afreeca、Naver V App 等其他公司的应用程序。

YouTube 的高人气已经威胁到了搜索网站。韩国国内最大的门户网站 Naver 的占有率在 63% 左右，算是比较高的，但仔细观察会发现，也不尽如此。根据网络分析网站"网络趋势"的统计结果，2017 年 7 月，Naver 的占有率为 87.58%，谷歌为 0.18%。但短短一年时间里，Naver 就下降了 16.44 个百分点，占有率急剧下滑。而谷歌则以 18.96% 的增长率占领了大量市场份额。[17]

有人分析，YouTube 急剧成长的原因在于其积极且免费提供文化资源的创意者增多、有适合不同年龄段的频道等。90 后的意见则出奇地一致，他们回答说，因为与其他视频服务相比，YouTube 的广告时间短。Naver TV 或 Kakao TV 的视频通常需要观看 15 秒的广告，而且无法跳过，但 YouTube 广告一般不超过 6 秒，或 5 秒后可以选择跳过。

90 后拒绝观看时长在 15 秒以上的广告，原因大致有两个。第一个原因是，他们热衷于观看短视频，长达15秒的广告有点本末倒置。记得2018年世界杯时，当时为了观看30秒的进球场面，必须多看15秒的广告。而且为了提高广告收益，很多视频故意将高潮部分截成前、后两段，或故意将视频分段上传。

第二个原因是，15秒的广告也是不可小觑的"流量黑洞"。手机流量每秒消耗约1MB，折合20韩元。如果一天看20个视频，仅仅收看广告的费用就是6000韩元，1个月将达到18万韩元，1年就能达到216万韩元。

当然，YouTube广告的这个优点今后很有可能消失。因为最近YouTube表示，将引入"无法跳过的广告"。虽然YouTube解释说这对创作者会有帮助，但预计很多知名YouTuber会为了盈利而频繁贴出15~20秒的广告。据推测，YouTube的这种做法是为了提高广告销售额，同时诱导用户开通本公司的收费服务"YouTube Premium"。

另外，最近衡量节目热度时，除了节目收视率还有一个重要指标，那就是节目的视频片段点击率。现在大多数人不会对某个节目从头看到尾，而是通过一些视频片段了解全貌，但很多90后现在连这点时间都吝啬投入。2018年7月，MBN节目《飞行少女》中播出了健身比赛中夺冠的演员崔恩珠的日常，网络上随之更新了题为"崔恩珠下班路上一定要买的东西是？（心酸，呜呜）"的视频短片，很多90后并没有点击该视频查看内容，而是回复说："是什么呢？啤酒吗？看过的人分享一下答案吧。"

因此，除非他们对内容特别感兴趣，否则不会点击观看，最多在评论区寻找答案。也就是说，如果短片中植入了广告，或者内容过长，未能激起观众强烈的好奇心，那么将很少有人点击播放。

让他们投入时间的唯一秘诀 —— 有趣！

对于渴望 24 小时上网自由，重视上网权利的 90 后来说，企业最想要的不是他们的钱，而是他们的时间。互联网正式在韩国普及的 21 世纪初，文化信息行业最苦恼的问题就是"如何创造收益"。当时席卷韩国国内网络市场的 freechal 等企业曾尝试向用户收费，但以失败告终。此后，"免费增值"（freemium）模式成为韩国国内主要采用的收益创造方式。由"Free"和"Premium"组合而成的这个词，指的是用免费服务吸引用户，然后通过增值服务，将部分免费用户转化为收费用户，从而实现变现的商业模式。

但是，Facebook、Instagram 和 YouTube 并不是以这种模式收费，而是完全免费的商业经营模式。他们赚的不是用户的钱，而是广告商的。要吸引别人过来打广告，就需要吸引用户在这里投入时间。那么，怎样才能获得用户更多的时间呢？对此，90 后这样回答："吸引我们投入时间的唯一办法就是要'有趣。'"

美国喜剧中心频道（Comedy Central）于 2012 年的研究结果[18]显示，美国的年青一代通过"幽默"这一镜头来看待他人。无论评价谁，幽默都是第一标准。韩国国内的各类营销中，幽默的重要性也逐渐凸显。90 后表示，他们并不是单纯执着于 YouTube 这个平台，而是因为那里有很多有趣的东西，所以喜欢。反过来说，如果其他地方有有趣的内容，就没必要只看 YouTube。

最近人气高涨的电视购物也表现出这样的趋势。电视购物因为有广播审议规定，所以在表现方式上会受到很多限制。相反，网络直播购物就没有这么多限制，相对比较自由。直播们谈笑风生，直播间的气氛非常活跃。现在的直播购物已经发展得有点像综艺节目了，如果观众要求唱歌，主持人会暂时停止介绍产品，转而满足观众的要求，又唱又跳。为宣传产品的保湿功能，有的主播甚至在鱿鱼干的表面涂抹保湿霜。如果消费者告知自己的尺码，直播间还会找来体形相似的工作人员穿着商品登场展示。这种有趣的地方肯定少不了 90 后的身影。

一些消费者原本不感兴趣的广告中如果加入了趣味因素，结局往往也会不同。当然，如果广告植入已经影响到了影片观看本身，依然会令观众反感。但有一些广告却可以被观众接受。那么，人们在 YouTube 上感兴趣的到底是哪一类内容呢？以"沙雕配音"著称的 YouTube 博主张鼻猪在采访中回答说，"答案很简单。YouTube 的首要条件就是必须要有趣，没意思的话就不会有人看。不管是教育领域还是信息传达领域，抑或是单纯的沟通，都要以有趣为前提"。YouTube 之前就表示过，"只要有趣，即使摆明了是广告，人们也会看的"。2017 年年末，张鼻猪与企业联合创作的麦斯威尔咖啡品牌 Colombiana 的宣传视频中融入了他一贯的风格，点击率达到了 750 万次以上。

因在 Facebook 和 YouTube 上传超现实 B 级沙雕视频而走红的许智慧的作品《让 LG 生气的歌（这就是让我周六晚上工作的代价，嘿嘿）》是 2018 年最有名的原创广告之一。该广告视频的内容是一名广告公司的工作人员在周六晚上接到了 LG 生活健康委托创作广告的短信后，因为太生气，决定制作一则让广告商，也就是 LG 生活健康营销部门恼火的广告。该广告打破了现有的广告制作常规，很多人看后甚至问，LG 生活健康的负责人知道这则广告吗？但是，这恰恰是这则广告的亮点。

以前 YouTube 和企业联手推出广告时，一直致力于弱化广告印象，力求自然地将信息传达给观众。但是年青一代追求趣味和坦率，只要有趣，即使明说是广告也没有关系。许智慧制作的广告片下面便有这样的回帖："一般的广告只要看一小会儿就很烦，但你的广告让人很喜欢看，从这一点来说，你成功了。"

真诚的产品和服务才有长久的生命力

"昌烈"一词始于 2014 年用歌手金昌烈名字命名的便利店即食食品。该食品系列以"金昌烈的大排档"为名在便利店销售。其中，炒米肠、烤肥肠的售价为 5000 韩元～6000 韩元，作为便利店食品来说价格已经很高了。问题是产品的量太少，里面一般只有 7 到 10 片不等。"昌烈食品"的说法是网友们为讽刺这一现象而创造出来的，目的在于表达自身对商品有名无实的不满。

随着氮气包装食品成为舆论关注的焦点，一度沉寂的"昌烈食品"再次成为人们热议的对象。在那些内容物过少的食品的相关报道下面，无一例外地出现了"昌烈食品"的回帖。此外，HOME PLUS[①]出售的墨西哥鸡肉卷、Ministop 出售的豆包和紫菜包饭、不倒翁的比萨炒年糕等均因产品名不副实、量少欺客在网络上引起了消费者的公愤。[19] 也许是因为网友们的批评，最近有评价指出上述商品的品质已经出现好转。

"昌烈食品"的反义词是"惠子食品"，这是以演员金惠子的名字命名的便利店快餐。韩国网友们评价说，便利店 GS 25 推出的自有品牌商品"金惠子盒饭"与其他同类商品相比，可谓量大实在。现实情况是"昌烈食品"销售额不断减少，"惠子食品"的销售额却一路上升，甚至一度出现了"惠蕾莎修女[②]"这样的新造词。"金惠子山珍海味盒饭"上市一年后，总销量突破了 200 万盒。

当时 GS 25 的相关人士表示："正当消费者对过度包装、夸张广告达到忍耐极限时，金惠子盒饭成为实惠且充满诚意的商品的代名词。""以后我们还将继续推出让消费者放心享用的美味便当。"话至此，企业们是否已经明确了今后的努力方向了呢？ [20]

那么，90 后是如何使用"惠子"和"昌烈"这样的表达方式的呢？ 2017 年，外卖软件"送餐民族"进行的"第三届 BaeMin 新春文艺"征集活动中，《炸鸡不长肉，长肉的是我》获得了荣誉大奖。后来，2017 年通过"Naver 音乐家联盟"出道的新人组合"便当包"

---

① 韩国三星旗下的一家超市连锁店。与"易买得"和"乐天"并称为"韩国三大连锁超市"。
② "特蕾莎修女"和"金惠子"的合成词。

将该视频制作成了 MV，视频中金惠子和金昌烈一起出场展示了"炸鸡舞"，而这种创作灵感正是来自初入职场的 90 后。

另外，年轻人现在叫外卖都嫌打电话订餐麻烦，一般都是直接打开点餐应用，在那里完成订餐和结算。在这种形势下，外卖 App 发展迅猛。2016 年以前，外卖 App 往往被称为"只知道赚手续费的凤伊金先达"，风评很差。后来，外卖行业老大"送餐民族"发布了新政策调整手续费，改善现有问题。尽管目前还存在诸多问题，但送餐 App 已经成功着陆，且发展到了 5 兆的市场规模。但是，这种增长速度并非单纯由于送餐 App 可以为消费者提供便利。金某（1996 年生）如是说：

"送餐 App 虽然用起来很方便，但有些人并不只是因为方便才用它。送餐 App 最大的特点是可以发表评价。如果用电话订购，很多时候服务都很差，有时还不给优惠。所以现在我每次都写评价。消费者的反馈可以如实得到反映，这就是我们爱用订餐 App 的原因。"

在此也有反面教材，那就是抓娃娃店。从 2015 年开始出现的抓娃娃店瞬间席卷韩国，到 2017 年已有 2 万多家，可谓发展势头迅猛。抓娃娃店之所以能成为人气如此之高的创业项目，原因就在于它低廉的开业费用。开一家抓娃娃店不仅不需要很大的空间，而且只要几台 200 万～300 万韩元的赠品机器就能轻松创业。只要花 1000～2000 韩元，任何年龄段的人都可以来玩，深受儿童和青少年的喜爱。因此，在韩国迅速掀起了一股抓娃娃热。

但是，风靡一时的抓娃娃店如今大多门可罗雀。曾经它以星火燎原之势风靡全国，谁能想到如今关门的速度也不亚于当初。原因是抓娃娃店的"操纵概率"内幕被公开了。虽然不是所有的抓娃娃店都操纵概率，但是从此抓娃娃游戏的人气急剧下降。游戏管理委员会从 2016 年 9 月至 11 月，通过对全国 144 家抽查店进行实际情况调查的结果显示，101 家店（70%）被举报违反相关规定。其中 12 家（8.4%）通过改装、私调机器操纵抓娃娃的概率。据了解，抓娃娃店的主要顾客是 90 后，他们知道了店家暗地操纵概率的黑幕后，就不肯再光顾抓娃娃店。1992 年生的金某说："自从我知道了抓娃娃店的机器都是被人动过手脚的，我就再也没去玩过抓娃娃。我不想被他们坑。"

因此，无论是作为职员还是作为消费者购买产品和服务，90 后最看重的因素都是"信任"。配送 App 里的消费者评价部分非常有利于增强消费者的信赖，就目前经验来看，这类制度保障是至关重要的。但如果失去了消费者的信任，那么不管曾经拥有多么高的人气，最终也将会像海市蜃楼一样消失得无影无踪。

他们总是想方设法屏蔽广告

星巴克是韩国国内销售最好的咖啡连锁店，那么星巴克的年销售额有多少呢？2017 年，星巴克在韩国的销售额为 1 兆 2634 亿韩元。即使把国内排名第 2 到第 6 位的 5 家公司（A Twosome Place、EDIYA COFFEE、Coffee Bean、Angel-in-us、Holly's Coffee）

的销售额加在一起，也远不及星巴克。[21] 排在第 2 至第 6 位的 5 家咖啡店的销售额共计 8200 亿韩元。

虽然目前已是韩国国内第一大咖啡品牌，但没有人看到过星巴克的广告。因为他们不做广告。而韩国国内企业营销预算的大部分都用在了产品广告和推广上。到目前为止，在提高品牌认知度和偏爱度，提高市场占有率和销售额方面，广告和宣传是最大的功臣。但现在，很多 90 后的消费者正想尽办法屏蔽广告，就算偶尔看到某个广告，也不会盲目相信。

曾在星巴克人事部工作过的一位负责人称："星巴克的成功靠的不是广告和宣传，而是得益于对品牌的投资，以及将内部员工作为第一批顾客，充分重视他们的企业文化。"也就是说，星巴克虽然不做广告，但是一直努力致力于品牌投资和组织管理。

2014 年，全球最大的日用品集团宝洁公司（P&G）对营销架构做出了调整，不仅"营销"职位被从公司组织中撤除，营销部门被更名为品牌管理部门，市场调研部也改组为"消费者与市场信息部"。[22] 新成立的品牌管理部门今后将负责四项业务：品牌管理部（前身为市场部）、消费者与市场信息部（前身为市场调研部）、交流中心（前身为公关部）和设计部。宝洁公司在重组架构的同时表示，希望此举可以更加突出品牌效能，更加明确品牌在战略、计划、结果上的职责，利于组织快速做出决策，精简组织结构的同时提高创意性，更好地展开工作。公司期待通过这种架构调整，从更广阔的角度出发，兼顾市场、顾客和品牌。

宝洁公司首席品牌官马克·普里查德（Marc Pritchard）在采访中表示："未来的企业最终不是靠广告取胜，而是会回归品牌构建时代。"他还建议，要"细心洞察他人所想，关注那些人们真正关心的方面，然后与之进行连贯的对话"。[23]

04　如何进一步理解90后

小米带给我们的成功启示

小米一度因模仿苹果、三星等竞争对手的产品设计而受到非议。小米董事长兼CEO雷军的产品发布方式也与史蒂夫·乔布斯十分相似，就连二人的穿衣打扮都十分相似。当然，他在接受《华尔街日报》采访时表示，不想成为像乔布斯一样的人，只想成为像乔布斯一样具有革新精神的领导者。

小米成功的秘诀通常被认为和产品低廉的价格以及高技术含量分不开。小米通过手机应用程序等服务创造了可观的收益，这也是小米可以以几乎零利润的价格销售智能手机的原因。由此，小米的硬件和软件都逐渐具备了苹果的技术实力。但实际上，雷军最大的成功秘诀并不在于此。

他说："小米一直在倾听用户的声音。"这是小米成功的核心诀窍。他还说："虽然说我们是苹果的模仿者，但我们有几点截然不同。

例如，苹果公司不听大众的声音，但我们一直都在倾听用户的意见。"这意味着什么呢？

小米的主要用户群体是对流行敏感的 20～30 多岁的年轻人。因此，小米的目标用户是那些虽然经济上不特别富有，但是未来将迅速占领智能手机市场的消费群体。为此小米积极收集消费者的需求反馈，不断进行产品优化，提升用户的使用体验，倡导"高品质 + 合理价格"的消费升级理念，这些都为小米积攒了大批忠诚的粉丝。最难得的是，小米倡导积极的双向沟通，每周更新、升级消费者参与开发的手机操作系统。

小米的核心竞争力就是运营体系。小米以安卓为基础开发出了 MIUI 系统，一般每隔一周，短则 2～3 天就会自动向智能手机推送更新或完善系统补丁。这与安卓系统需要经芯片制造商、网络运营商以及手机通信商三方联动才能推送更新形成了鲜明的对比。那么，雷军所说的"倾听用户意见"的方法有哪些呢？

所谓"VOC"（Voice of Customer）是指"客户声音"，也就是来自客户的各种意见。其中包括不满、索赔等负面声音，也包括客户对产品和服务的咨询或称赞、对新产品的建议等。如今，客户的重要性日益凸显，已成为当今企业生存的唯一关键词。今天的顾客已经不像以前那样盲目地购买商品或服务，他们可以实时发布对商品和企业的评价，极度不满时还可能迅速将此传播开来。

这里衍生出的企业经营原则之一就是 VOC 经营，也就是将客户的心声放在首位的经营方式。具体包括系统地收集、储存、分析客户意见，并将其用于企业的经营活动，同时给予客户相应反馈，最终形成能够根据客户声音进行经营活动的体系。在今天，VOC 的处理方式可以决定企业的成败。那么，在韩国，VOC 经历了哪些变迁呢？

VOC 韩国变迁史

20 世纪 80 年代以前的市场上，生产者的声音更受重视。在高速增长期，他们主导了市场的所有声音。当时对企业来说重要的是"如何以低成本多生产"，而不是听取顾客的意见。那个时代的顾客很少有机会发出自己的声音，即使经受了诸多不便，也只得默默忍受企业推出的产品或服务。

进入 90 年代后，消费者的收入和生活水平开始大幅提高。1987 年劳动法通过后，劳动者的平均工资开始直线上升，市场也发生了急剧变化。随着生产技术的迅速发展，产量大大增加，市面上的商品和服务出现了过剩，进入了销售困难的时代。市场的重心也逐渐从"生产"转移到"销售"。企业开始寻找增加销量的新突破口，而解决这一问题的钥匙便是"客户"。于是在 70 后成年后开始踏入社会的 20 世纪 90 年代，企业经营开始重视客户群体。

企业要满足客户，就要知道客户心中所想。问题是公司从未听到过来自客户的声音。当然，那个时期也不是没有倾听客户声音的渠道，消费者可以通过电话或明信片等反映不满或意见。但这些不满和意见通常只会在私下里解决，所有的问题和意见都成为一次性解决的问题，而没有被纳入数据库不断积累起来。

随后，标榜"客户满意经营"的企业开始努力听取客户的声音，

"VOC"一词也开始被频频使用。现在企业已经充分认识到，不能忽略客户的声音，而且要迅速准确地解决客户投诉。为此，一些企业开通了服务热线，培训专业人员为客户提供高效优质的回复。而且，为防止客户反映的问题再次发生，一些企业开始建立可保管、储存、分类 VOC 的系统。长久以来一直被忽略的客户的声音终于得到重视。

20 世纪 90 年代后期，电脑迅速普及，企业开始利用 Excel 等建立 VOC 数据库。就这样，意识到 VOC 重要性以后，企业开始重视顾客的声音，并注意构筑舆情发生时可以迅速应对的应急程序，这是第一代 VOC。

从 80 后走上社会的 2000 年开始，VOC 迎来了新时期。21 世纪初，互联网的迅速发展使客户不必通过电话和明信片等渠道也可以反映意见。21 世纪的新客户群开始利用互联网的留言板来代替传统的 VOC 形式，而且，客户可以把自己的不满情绪发布到网络上任何可以发表评论的地方。这样他们便可以在网上找到很多同盟军。这对企业来说是一种新的威胁。

基于这种变化，企业纷纷开始建设网站，并通过留言板直接与客户进行沟通，积极回应客户的留言反馈。这种基于网络的反馈方式也为企业与顾客的沟通打开了一种新思路，而且越来越受到关注。

这一时期，一些企业网站的 VOC 部门一度成为当时社会的热门话题，其中最有名的是赛思科（CESCO）有害生物防治公司。

顾客：我在汤里发现了蟑螂，因为是牛杂碎汤，舍不得扔。我可以把蟑螂捞出来，煮一煮再喝吗？吃了不会死人吧？

赛思科：如果再次煮开的话不会有大问题（要去除蟑螂身上的细菌，只能这样做）。还有，最好不要让家人知道。

这便是以生产杀虫剂而闻名的赛思科公司网站留言板对某顾客的咨询做出的回答。对于上传到本公司网站的顾客VOC，赛思科的回复总是巧妙又富有诚意，赢得了许多用户的喜爱。赛思科公司网站的留言频道可以追溯到2000年，当时第一个问题的回复中有"希望您继续关注赛思科"，问题回答得也中规中矩。从2001年开始，网站对消费者留言的回复除了有关害虫的各种详细介绍说明，还多了不少亮点。比如，对"我抓到了一只会飞的蟑螂，可妈妈非说它是金龟子"这一问题，网站的回复是："告诉妈妈，不要小看蟑螂，有的蟑螂不但会飞，还可能比金龟子大哟。"

赛思科的所有问题回复甚至被打包后发布在网络搞笑社区，网友们对这些幽默风趣的回复大加称赞。网上还有专门的赛思科粉丝俱乐部，其他企业也纷纷开始效仿赛思科的"幽默经营"做法。但其实，赛思科网站留言板的最大魅力在于回答的诚实性。不管消费者提出的问题多么离谱，都有专业人士一一回答，从来不会敷衍了事。所有的回复都建立在专业知识的基础上，在满足消费者好奇心的同时，既让人觉得有趣，又能学到新知识。靠着和客户真诚、机智的沟通，赛思科已然成为亚洲最大的害虫防治领头企业。

21世纪VOC的另一个特点是，VOC开始以企业资产化方式进行。通过改善现有 VOC 流程，企业得以迅速解决顾客意见，并成功通过此举减少了客户的不满意。但是，客户不满意的原因并没有从根本上得到解决。不同点只是企业不必反复调查令顾客不满意的方面，只需通过 VOC 分析，寻找使顾客不满意的根本原因并加以解决。

如果说以前的 VOC 应对方式是仔细倾听每一位顾客的声音，那么现在则是将所有的顾客声音汇集在一起进行统计，并在此过程中找寻问题发生的根本原因。随着 VOC 逐渐变得高度化和系统化，如何在商品和服务方面充分利用通过 VOC 系统收集的信息也显得尤为重要。

现在，VOC 已不仅仅是某一具体领域的事，而是所有业务部门的事。现场营业部门、产品及服务营销部门、相关生产部门等各条业务线都与 VOC 产生着千丝万缕的联系。因此，除了直接负责客户接待的部门，其他部门也需要统一构建 VOC 管理体系。

如今企业已经明白，VOC 并非回答一次就可以清空数据。每一份 VOC 都是企业的经营财产，是可以改变整个企业未来的宝贵资源。因此，越来越多的企业正将多渠道收集进来的 VOC 进行整合、反馈，以求让其在企业经营中发挥出巨大作用。

VOC 不代表需要解决的麻烦事，而是掌握企业未来的钥匙。解决顾客反映的问题不是终点，还要对顾客反映的问题进行分类、整理，这样才能将此变为企业经营的资产和资源。

如何捕捉 90 后的 VOC

90 后开始上大学或踏入社会的 2010 年，苹果公司的 iPhone 正式登陆韩国。社交网站推特也在 2009 年美国知名文化节西南偏南（SXSW）首次公开而备受关注。据说当时花样滑冰明星金妍儿使用推特，于是这一社交软件在韩国变得更加有名。随着 2010 年智能手机的快速普及，韩国的推特用户也随之大量增加。再加上 Naver 的 Me2Day、Daum 的 Yozm 等韩国国内的社交软件也纷纷登场，社交网站的选择方式变得更多样化。而且，很多 90 后不再给企业的客户中心打电话或登录企业的 VOC 频道反映问题，而是在自己的 SNS 上发布微博，或在一些网络社区中和网友交流吐槽。

企业开始束手无策。虽然它们可以对本公司的 VOC 渠道接收的 VOC 进行合理应对，但尚未形成应对外部不确定渠道流入的 VOC 的抗体。当时正是企业需要对外部环境下的 VOC 做出快速反应的时期，于是，企业开始迅速构筑系统。该系统的核心并无现成的解决方案，而是要实时感知顾客 VOC 并在此基础上进行沟通，寻找并传达新价值。为此，不仅需要原 VOC 专员或相关部门的努力，还要实现公司全体部门的整体经营革新。一定要动员全员力量，及时应对顾客的反馈，防止负面消息发酵成舆论危机。

不可靠的消费者调查

那么，有哪些方法能够深刻理解新生代的年轻人呢？为获得新产品或服务的灵感，了解客户的潜在需求，传统企业大多实行消费者调查。该调查大体可分为定量调查和定性调查。

定量调查是以一定数量的回答者为对象进行调查，从而将结果量化的方法。将抽取到的某一整体的一部分作为调查样本，调查结果具有一定的代表性，可以适用于各种统计分析。工作中最常用的电话调查、面试调查、邮政调查、网络在线调查等均属于定量调查。

定性调查以少数回答者为对象，目的在于围绕一个特定的主题，掌握大家对某个对象或某一现象的想法、认识、态度形成等具体信息。由于受访者人数较少，没有代表性，但可以了解到受访者个人主观的不同意见。代表性方法有 FGI（焦点小组访谈，Focus Group Interview）等。

这些消费者调查方法至今仍在被广泛运用，不过，营销人员之间有一个不愿示人的秘密，那就是这种消费者调查的可信度大都非常低。

当然，一些基本调查有助于了解消费者的想法和增进对某些特定产业的认识。但实际上，企业很难掌握消费者对于使用产品和服务有什么样的想法和感觉。因为在当今这样复杂的社会里，消费者也许根本就不知道自己想要的究竟是什么，而且即使知道，也很难直接用语言或具体的标准形容出来。

因此，许多企业家并不相信传统的消费者调查。比如，福特汽车的创始人亨利·福特（Henry Ford）和苹果的创始人史蒂夫·乔布斯。亨利·福特说过一句很有名的话："如果听用户的，我们根本造不出汽车来。因为假如我最初问消费者他们想要什么，他们会告诉我'要一匹更快的马'。"这意味着顾客大都很难对自身问题设计出适当的解决方案。史蒂夫·乔布斯也曾表示："用户其实不知道自己想要什么东西，因此没有必要搞用户调研。"所以乔布斯几乎从来不进行市场调查这一套。

可以确定的是,在90后逐渐成为消费主力军的当下,通过传统调查方法进行调查的信赖度将日渐下降。让我们听一下曾参加过企业焦点小组访谈和问卷调查的首尔某高校四年级学生尹某(1994年生)是怎样说的。

"参加企业焦点小组访谈两个小时左右,就能获得5万韩元以上的现金和纪念品,我觉得这是很不错的兼职。到目前为止,我已经参加过10多家企业的消费者调查。虽然是三个小时的时间,但因为人很多,所以随便答一下就好。只要装出认真做的样子,还会继续收到其他企业的调查邀请。最可笑的一次是一家烟草公司的新产品调查,只简单回答了几个问题,就得到了5万韩元。说好笑是因为,我根本不抽烟,只是回答说自己抽而已。"

前面说过,90后的特点是诚实、不加修饰。但不要因为他们坦率、真实,就认为他们会对所有问题都做出诚实的回答。对他们来说,简单也是他们奉行的核心价值之一。问卷调查和小组访谈无聊冗长,所以他们根本不愿为此花费时间回答问题。

一种新的市场调查方式——观察调查

那么,我们应该放弃对90后消费者进行理解的尝试吗?因为这些消费者既不会主动表达不满,也不肯轻易给出真实的回答。可答案是:不!还有最后一种方法:观察调查。观察调查就是不向消费者提问，而是直接观察他们行为的方法。以提问形式进行的调查可以了解消费者的认识，却不能掌握他们的实际行动。相反，通过观察调查可以直接了解消费者的实际行动。

观察调查引入了意味着"参与观察"的人类学"民族志"（Ethnography）概念。"民族志"的意思是，人类学者在研究人类行动方式的过程中，为了体验研究对象的感觉和经验，直接进入研究对象社会，参与到其日常生活中，并仔细观察的做法。

通过这种观察调查取得成效的代表性企业是日用消费品企业宝洁公司。在宝洁公司因收益不佳而处境艰难的 2000 年，当时就任宝洁公司首席执行官的阿兰·乔治·雷富礼（Alan George Lafley）向职员呼吁："不要为了达成销售目标而硬推新产品，要开发消费者真正需要的商品。"并且强调"以客户为中心不断创新"，即站在顾客的立场上观察顾客想要的东西，观察触动他们感性的东西是什么。换句话说，弄清楚他们是谁、如何生活、如何使用产品来改善自己的生活等。

宝洁公司运营过一个名为"一起生活"（Living It）的项目，根据这一计划，宝洁公司员工要直接在消费者家里一起生活，同吃同住，并跟随消费者去购物。目的在于了解消费者如何使用自己的金钱和时间，购买什么样的产品，如何使用，特定品牌和产品在哪些方面适用于消费者目前的生活等。宝洁公司通过让员工深入消费者的生活现场，得到了这些问题的答案。

另一个项目是"一起工作"（Working It）。这也是宝洁公司为全面了解消费者推出的特别计划。公司安排员工在柜台后面工作，近距离了解消费者购买或不购买特定产品的理由。另外，借此还可以了解到公司的改革是使购物变得更加方便了，还是给零售商和顾客带来了不便。总之，这两个项目都不需要询问顾客需要什么，而是观察他们的行为，并寻找需要的答案。

在墨西哥，宝洁公司通过走访低收入消费者家庭，做了观察调查。结果发现，由于收入不高，当地相当一部分人不使用洗衣机，而是用手洗衣服，而且他们对多用水有很大负担。当时墨西哥市场的60%是低收入阶层，宝洁公司通过体验当地低收入的墨西哥妇女的生活方式，终于在2008年推出了可以节约用水和缩短漂洗时间的浓缩产品——"多丽一漂净"（Downy Single Rinse）。它将原来六道工序的洗涤过程（洗涤、漂洗、漂洗、加柔顺剂、漂洗、漂洗）缩短为三道工序（洗涤、加柔顺剂、漂清）。该产品已成为墨西哥90%低收入人群使用的衣物柔顺剂。

世界第一款衣服柔顺剂当妮（DOWNY）也是通过观察消费者日常生活而诞生的。第二次世界大战结束后，合成洗涤剂的使用得到普及，问题是合成洗涤剂在使衣服变得干净的同时，会使布料变得坚硬和粗糙。特别是如果把衣服放进烘干机里转动，会加重衣物的褶皱和静电，所以新洗过的衣服穿起来反而会让人感到不舒服。为解决这些问题，宝洁着手研究了纤维表面和水的摩擦，并开发出了当妮柔顺剂，该产品具有软化纤维、防止静电、提高衣服清爽感的效果。

当妮的产品革新并未止步于此。柔顺剂要在洗涤程序结束后、漂洗程序开始前放入，很多消费者经常会错过时间。为此，宝洁公司推出了多种类型的柔软剂。例如，无须在洗衣过程中放入的当妮留香珠、放在干燥机里可以起到消除静电和防止衣物变硬作用的干衣柔顺香片等。[24] 1998年上市的世界第一款织物去味除菌剂Febreze也是伴随着观察调查法诞生的。

此外还有制药公司的事例。1986年，美国一家制药公司开始开发治疗心脏病和心绞痛的药物。研究人员发现，只要抑制名称为PDE-5的酶，便可以降低血管阻力和血小板凝集，三年间他们对数百种化合物进行了实验，终于在1989年12月发现了有望有效抑制PDE-5酶的"西地那非"成分。于是研究组开始着手进行西地那非治疗心绞痛的药物临床实验。

但是，在1992年的临床实验过程中出现了一个有趣的现象，注射了西地那非的男性患者出现了"勃起"的副作用。突如其来的副作用让心绞痛药物的开发陷入了"瓶颈"。但是，研究人员并没有因此中断新药物开发的脚步，而是坚持不懈地继续观察副作用，研究方向也逐渐调整为治疗男性勃起功能障碍。1998年，世界首款治疗勃起功能障碍的药物终于问世，这就是万艾可。如今万艾可的生产者——辉瑞，已成为世界最大的制药公司。[25]

使用观察调查法的并非只有上述海外企业。韩国国内的三星电子和LG电子也加入了这种潮流。大厨俱乐部（club des chefs）是2012年6月三星电子为将世界顶级烹饪大师的料理技术融入家电产品中而设立的项目。其中《米其林美食指南》的三星名厨，以及获得法国政府认证的料理技能证书的顶级厨师，均将参与三星生活家电产品的企划、营销和上市等所有的过程。

大厨俱乐部最重要的一项日程是让成员亲自使用三星家电进行料理培训。通过该项活动，三星电子除了会免费捐赠公司产品，还会仔细观察学员和讲师使用三星厨房家电用品的实际情况，并将观察到的行动 VOC 应用到新产品开发中。

三星电子生活家电事业部常务李允哲（音）解释说："大厨们握住把手打开烤箱，然后放入平底锅的动作，以及调节温度的方法，这些都是制作产品的宝贵贴士。"在认真记录厨师的料理方法并模仿他们烹饪的消费者中间，公司也安排了员工观察他们的对话和行动。有职员反映："我看到有消费者找不到烤箱的开关按钮。我们的目标就是发现细微的问题，并在后续产品中进行改善。"[26]

在韩国有一种说法，即"家电选 LG"。LG 电子在韩国家电市场上有着举足轻重的地位。但是，LG 电子也曾经深陷低谷，举步维艰。2005 年前后，LG 电子遇到了一个头疼的问题：虽然没有发生顾客索赔等不良事件，但是顾客对 LG 洗衣机的满意度出现了下降，商品销售额也随之下降。奇怪的是，在公司实施的与此相关的问卷调查中，消费者一致回答"产品在使用过程中没有感受到不便"。

但通过后来的"观察调查"，LG 电子弄清了在问卷调查中没有显现的 LG 洗衣机存在的问题。公司给使用 LG 洗衣机的每个家庭安装了摄像头，观察主妇们的洗衣过程，最后发现，大部分使用者都要踮起脚尖，好不容易才能把洗好的衣物取出来。由于这些不便他们已习以为常，使用者在问卷调查中并没有表达出任何不满。后来，LG 电子降低了洗衣机的高度，借此提高了顾客满意度和产品销量。[27]

此后，LG 电子继续利用观察法进行市场调查。开拓北美洗衣机市场时，对当地消费者进行的观察调查结果显示，顾客对洗衣机容量是否够大、洗衣是否能防过敏等问题尤其关注，同时希望能减小噪声和震动，另外还要求节约时间、低能耗。在该结果的基础上，LG电子不断研发更新产品设计、技术，大幅提高了北美市场占有率。

继洗衣机之后，2010年LG电子又推出了"魔幻空间"冰箱。公司派出研发专员亲自到顾客家中，详细了解顾客在使用冰箱时习惯将何种物品放进冰箱的哪一格，并将此记录下来，最后推出了"魔幻空间"设计。新设计可以减少冰箱开门、闭门次数，防止冷气流失。可以说，LG公司"家电选LG"的口碑与其缜密的消费者使用习惯市场调研是分不开的。

尽管有以上的成功事例，但总体来看，观察调查在韩国国内企业的营销中未能实行得很好。第一个原因是，国内进行的一些观察调查时间过短，流于形式。例如，在市场营销研究等方面，通常的做法是到消费者家中进行三四个小时的交谈，同时进行观察。这种做法很难认定为本章所提到的参与观察法，甚至相去甚远。人类学参与观察法是以与研究对象的持续、深入的关系为基础，对社会进行深层的了解。相反，肤浅的调查方法只能对观察对象推断出肤浅的结论。

第二个原因是，分析庞大的数据，并解析其意义需要花费大量时间和费用，所以企业大都有顾虑。比如，可能存在无法观察到的状况或行为，回答者的行为方式也可能发生变化，这些都给正确记录和分析数据带来了难度。加上观察者本人的主观介入，对回答者的心理状态进行推定时，客观性及适用性可能会比较低。

第三个原因是，被调查者会产生所谓的霍桑效应（Hawthorne Effect）。即当个人意识到自己的言行正在被观察时，他们就会刻意改变一些行为或言语表达。这样一来，就无法得出准确的调查结果。

观察新生代的两种方式

综上所述，观察调查也存在许多问题，但能弄清楚某人想要什么的最好方法还是观察他的行动。对怕麻烦的年轻人进行调查时，这仍然不失为一种有效的方法。具体来说，有以下两种方式：

第一种方法是，企业的负责人或调查者不用专门设计调查步骤，而是直接参与受调查者这一代人的活动。美国著名食品公司Frito-Lay的市场营销副总经理兼品牌负责人鲁迪·威尔逊为了了解千禧一代，不惜投入大量时间体验X-Box体感游戏。他说："大家都是从十几岁的时候走过来的，所以有些人觉得自己很了解千禧一代。但是千禧一代的十几岁和你的十几岁有很大的不同。虽然目前有很多调查资料可供我们参考，但要想真正了解他们，必须和他们一起经历事情。"[28]

在写本书之前，为了了解90后的生活面貌，我也经常参与他们的各种活动。例如，偶尔到大学进行就业讲座时，我在介绍工作和就业小贴士的同时，也了解了他们对公务员热潮的看法和对企业文化的期望。平时在鹭梁津附近的咖啡厅办公时，我经常观察那些在咖啡厅准备公务员或其他考试的大学生，还采访过其中的很多人。另外，我还和90后的很多玩家一起玩过《洛奇英雄传》《绝地求生》等人气网游，其间还通过语音聊天了解过他们的语言习惯。

没有必要把观察调查新生代看成是一项多么难以实施的活动。只要对他们比现在稍微多一点关心，然后参与到他们的生活中就足够了。这些参与能够带来的收获是显而易见的——不仅可以零距离观察新生代，还可以从整体上了解代群的语言和行动特征。

第二种方法是，让这一代人直接参与企业活动。可以录用年轻的职员，也可以鼓励大学生和其他学生参加临时兼职。这种方法可能比第一种方法更简单、更有效，而且这种参与没必要和聘用挂钩。星巴克的"My Starbucks Reward"[①]会员可以通过星巴克的移动预订服务"Siren Order"下单、支付，"我的星巴克评论"（My Starbucks Review）是以这些会员为研究对象进行的移动问卷调查项目。"我的星巴克评论"推出一年后，回答问卷调查的人数已突破100万人次，非常火爆。重要的是星巴克不仅收集顾客的意见，还将此应用到了实际运营中。在顾客意见的基础上，星巴克又推出了很多新品，比如，2017年推出的不含咖啡因的"洋甘菊苹果茶"，便是根据顾客们希望开发水果主题、非咖啡饮料的要求而诞生的新品。星巴克人气饮料之一的"柚子蜂蜜红茶"原本是2016年的限量版饮料，后来根据顾客要求，转为常规饮料，全年正常出售。有顾客反映"得来速门店"（drive-thru stores）购买的饮料包装很不方便，星巴克便更换了包装材料，改善了这一情况。"Siren Order"也在许多顾客反映的不便事项和改善建议的基础上，在订购菜单多样化和开具电子发票等

[①] 即星巴克的星享俱乐部会员卡——星享卡，是星巴克对经常消费或者长期消费的顾客进行的一个回馈。

方面不断升级。[29] 2018年下半年，星巴克在韩国全面推行纸制吸管。最开始，消费者有绿色和白色两种吸管可以选择，两个月的测试期过后，星巴克根据消费者认为白色"看起来比较卫生"的偏好，将白色当作官方吸管颜色。星巴克在韩国成功的因素可能有很多，单纯模仿其成功因素并不能保证能取得同样的成功。但是，它成功的每一步都包含着"为听到年轻顾客的声音而进行的细密周到的努力"，这一点无疑是最值得我们学习的。

这一代人不喜欢给客服中心打电话，也很少在网站上主动留言，但这并不代表他们没有意见和不满。企业今后的成败取决于如何让新生代直接或间接地发表自己的意见，并据此生产出符合他们兴趣和感性的产品与服务。

注释

1. Casper, C., Homeward bound. *Restaurant Business*, 1996.95（10）: p. 165-179.
2. 郑热,《家庭餐厅的没落……二三十岁的人:"没有一起去的人,也没有钱"》,《联合新闻》,2017.3.1.
3. 尹秀姬,《那么多的 VIPS、Outback 哪里去了?》,《新闻1》,2018.7.5.
4. 申秀晶,《120茶山呼叫中心,改变信访服务模式》,《东亚日报》,2011.1.15.
5. 孟河景,《我不要成为电池乞丐》,《韩国日报》,2017.11.15.
6. 郑成日 twitter（@cafenoir_me）,2010.8.5.
7. 林秀妍,《CGV 电影产业媒体论坛,观众老龄化现象明显》,《电影21》,2017.12.15.
8. Sonny Dickson, "Will iPhone Theater Mode Prevent（Or Encourage）Phone Users Ruining Your Movie Theater Experience?", 2017.1.4.

9 宋慧容,《戴森家电只在韩国昂贵的理由……德国和美国的价格只有一半》,《电子报》,2015.4.6.

10 李钟浩,《麦当劳逐渐消失的真正理由》,《首尔经济》,2018.5.3.

11 杨承柱,《ㄱㄷㄷ,ㅃㅂㅋㅌ 咔嚓,省略的时代》,《朝鲜日报》,2018.8.24.

12 金汉松,《"ㄷㅇ?ㅇㅂㄱ"……想破脑袋也想不明白的最近便利店里的甜点名称》,*Insight*,2018.8.13.

13 禹艺珍,《2021年,亚马逊将开设3000家无人便利店"Amazon Go"》,*Beta News*,2018.9.30.

14 金艺瑟,《即将到来的无人店铺时代,国内的情况是?》,*App Story Magazine*,2018.10.4.

15 李贤珠,《"新鲜度""口感"竞争……家庭便利食品市场"包装术"战争》,《金融新闻》,2018.1.5.

16 金宝拉、安孝珠,《凌晨配送、优质产品、讲好故事……具备三要素的"HMR新兴强者们"》,《韩国经济》,2018.9.12.

17 文炳坤,《YouTube击败Naver的成功秘诀解析》,《事件背后》,2018.9.3.

18 Bill Carter,"In the Tastes of Young Men, Humor Is Most Prized, a Survey Finds",*The New York Times*,2012.2.9.

19 金孝贞,《打开包装空荡荡,如此"昌烈"食品!》,《周刊朝鲜》,2014.9.8.

20 元成允,《"昌烈食品"VS"惠子食品"》,《赫芬顿邮报》(韩国版),2014.11.13.

21 李德珠,《进攻的途尚和伊迪雅咖啡……我是星巴克》,《每日经济》,

2018.4.11.

22 Jack Neff,"It's the End of'Marketing'As We Know It at Procter & Gamble",*AdAge*,2014.6.30.(http://adage.com/article/cmo-strategy/end-marketing-procter-gamble/293918/)

23 Mika EunJin Kang,"P&G首席品牌官Marc Pritchard：广告商们徘徊于沙漠的时代已经结束",*Inspired by Mika*,2014.7.8.(http://alleciel.com/2014/07/08/the-drum-procter-gamble-marc-pritchard)

24 李尚奎,《不满丈夫身上的烟味,妻子的举动让人惊讶……》,《每日经济》,2013.8.1.

25 姜建日,《勃起功能障碍治疗药物伟哥诞生的秘密》,《韩民族》,2013.3.26.

26 金知贤,《米其林★★★大厨为什么和三星零报酬合作?》,《东亚日报》,2014.3.31.

27 高升渊、郑瑟奇,《消费者的心,95%是隐而不见的》,《每日经济》,2012.3.23.

28 杰弗洛姆、克里斯蒂·加顿,《千禧一代营销》,RaonBook,2015,p.71.

29 金恩智,《"百万顾客改变星巴克"……我的星巴克评论突破100万人次》,《韩国金融报》,2017.2.26.

结束语
成功的路上我们需要同行者

我第一次关注90后这个群体是在2012年春天，一个偶然的机会，我接触到了一些大学生。当时由于无法听懂他们交谈中的很多内容，坐在一旁的我始终云里雾里。他们口中时不时冒出一些缩略语，大部分我都不知道是什么意思。直到那时我才明白，我们之间原来存在如此大的代沟。当时我是公司新职员培训教育的负责人，于是从那时起我开始观察90后的语言习惯，希望借此多了解这代人。转眼间，6年的时间匆匆而过。虽然在2014年年末已经完成了本书的主要框架，但由于日新月异的社会变化，90后追求的东西和潮流也在迅速发生变化。于是，书的内容必须再次进行全面修改。

写这本书的目的在于努力厘清以下问题：了解90后所处的社会环境，如何最大限度地挖掘其潜力；作为新晋消费者，90后有怎样的特点？针对这些特点，企业应该制订何种方案？作为我个人来说，我非常希望韩国企业的HR等中层管理者能够真正关心新生代。本书中提出的所有HR管理和营销对策，都是以对年轻人的真正关心为大前提，否则将毫无意义。长久以来，我们从未试图通过真正理解新一代去解决问题。以这本书为开始，希望通过老一辈的努力探索，得出针对这一问题的有用的解决之道。即使眼下还不具备马上做出这种努力的条件，不妨在日常生活中多听听他们的故事。虽然绝非易事，但首先请减少自己说话的次数，多倾听年轻人的想法，感受他们的内心。

本书在90后狂爱公务员、抗拒成为"好坑"的大框架内，尝试对90后这一群体做出理解和分析。为此，书中引用了大量统计数据。如"社会综合调查"（GSS:General Social Survey）等每年反复进行的持续性调查，这类数据十分有助于掌握社会的主要动向。但除了统计厅的基本指标，韩国尚没有针对90后进行的长期调查数据库，这一点非常遗憾。为了弥补这一缺陷，我对不同职群的90后大学生进行了大量采访和追踪调查。

本书虽然总结了90后的一般特点，但显然不能代表所有的90后。90后当中也有没上大学的早早参加工作的人，他们的梦想势必和其他90后有所不同。从目前来看，虽然很多90后都选择了挤公务员这座独木桥，但也有不少人怀揣着创业梦想，另外还有一些人愿意留在传统公司工作……随着时代的发展，社会成员正在追求更加多样的生活方式。也许，比起70后，90后更适合充满不确定性的"X世代"这一叫法。

另外，现在除了90后，2000年之后出生的世代也非常值得我们关注。这群人在中国被称为00后,在美国被称为"Z世代""I世代""国土一代"(Homeland Generation)。如果我们继续用当年看待90后那样的眼光看待他们,就会陷入新的混乱。从2019年起,他们将进入大学或踏入社会就业,这一代人更熟悉数码世界,很难想象,在具体的求职活动和消费生活中他们会展现出怎样的面貌呢?有一点可以确定的是,除了跟我一样的80后,现在的90后也要接受新生代出现的现实,并努力尝试理解他们。

我们所得到的社会的恩惠和温暖的心意,一定要努力通过社会回报给所有人。为此,我们将今天的痛苦化为明天的汗水和梦想。

每每在人生路上失去方向的时候,我便在心中默念这段话。我们的生活看似是沿着相同轨道转动的圆形,但我更愿相信它是逐渐上升的螺旋形。随着年龄的增长,我悟到的真理是,在这个世界上,没有什么东西是靠我自己的力量实现的。正是得益于老一辈的善意和社会的帮助,我才能成长到现在。我也相信,下一代会拥有一个更美好的世界。我希望把自己的这份确信传递给他们。

如果没有心爱的妻子智慧的帮助,本书不会有机会出版。妻子是这本书的第一位读者,也是帮助我修改不足、调整方向的得力编辑。2014年写完本书后,书稿就被束之高阁,是妻子使我鼓起勇气让它们重见天日。当时正忙着写硕士论文,身体也一直遭受着病痛折磨,是妻子的鼓励让我没有放弃出版本书的梦想。

还要感谢我的大女儿。大女儿同我几乎是一个模子里刻出来的,她不仅是我生活的希望，也是我坚持完成全部书稿的动力。还有，在成为一个孩子的父亲的过程中，我深深感受到了为人父母的无私的爱。说真的，到目前为止，我并不是靠着自己的力量才生活到今天的。我爱你们！我的母亲！父亲！

我还要感谢 brunch book 计划和鲸书出版社（Whale book）的家人们，如果没有你们，也许几十年后老眼昏花的我只能坐在家中一角，徒劳地跟孩子妄谈当年勇："爸爸年轻的时候呢，本来想出这样一本书来着……"

同时，我想向我的指导教授——KAIST 发展财团常任理事金荣杰教授，以及曾经给予我教诲和支持的所有恩师，还有在 10 多年的工作时间里培养我、给我无数灵感的 CJ 集团的前辈们表示由衷的感谢。

最后，我要感谢接受我的采访、讲述自己故事的东国大学魔术社团"Masic"（Lotus）的师弟师妹们；感谢在中国留学的 90 后朋友赵沈列（音）给我讲述了那么多中国的世代故事；还有 CJ 第一制糖的学员们；在鹭梁津认识的公试生斗镇、俊浩、智英、正宇、贤浩、圭元、东均、美善、民政等。为了保护个人隐私，在文章中只能称为林某、金某等的 90 后朋友灿浩、东玉、民成、钟石、智善、贤洙、钟贤、太浩、承泰、承贤、尹智、俊熙、武进、智爱、佳妍、在镕、万兴、盛骏、俊秀、智元、志焕、俊石，在此一并表示感谢。

林洪泽

参考书目

《个人主义者宣言》，文有锡著，文学村，2015

《那个男人为何变奇怪了？》，吴灿浩著，DongYangBooks，2016

《金秀英全集2》，金秀英著，李英俊编，民音社，2018

《老大金哲洙》，郑哲著，李素贞绘，HummingBird，2017

《关于老大》，Ager，人物与思想社，2017

《我想重启这个世界》，严基浩著，创批，2016

《谁都玩游戏》，简·麦克格尼格尔著，金高明译，RH Korea，2012

《新资本主义》，理查德·桑内特著，俞炳善译，wisdomhouse，2009

《做回匠人》，张元燮著，英仁传播，2018

《当选，合格，阶级》，张康明著，民音社，2018

《追星带来的人生逆转》，《大学明天》20～30岁人群研究所编，《大学明天》20～30岁人群研究所，Vingle企划，中央books，2016

《发烧友还是神经病？》，《大学明天》20～30岁人群研究所编，弘

益出版社，2014

《拒绝浑蛋法则》，罗伯特·萨顿著，徐英俊译，伊实MBA，2007

《迷失一代心理学》，熊代享著，知非元译，KL，2014

《千禧一代在工作岗位上想要的东西》，珍妮弗·迪尔、亚力克·利文森合著，朴正民译，Pakyoung story，2017

《千禧一代营销》，杰夫·弗若姆、克里斯蒂·加顿合著，郑英善译，RaonBook，2015

《80后，怎么办？》，杨庆祥著，金泰成译，未来之窗，2017

《傻瓜，现在是理工科吃香》，白日胜、金载正合著，加法，2014

《复学王的社会学》，崔钟烈著，五月之春，2018

《富有的奴隶》，罗伯特·莱许著，吴成浩译，金英社，2001

《新贫困》，齐格蒙德·鲍曼著，李秀英译，天地人，2010

《不思考的人们》，尼古拉斯·卡著，崔志香译，青林出版社，2011

《时代差异与矛盾》，朴载兴著，庆尚大学出版社，2017

《世代游戏》，全相镇著，文学与知性社，2018

《世代问题》，卡尔·曼海姆著，书世界，2013

《有毒职场》，米切尔·库奇、伊丽莎白·霍洛威合著，徐钟基译，艺文，2011

《娱乐时代》，李承旭、金恩山合著，文学村，2013

《App一代》，霍华德·加德纳、凯蒂·戴维斯合著，李秀景译，wiseberry，2014

《至关重要的关系》，雷德·霍夫曼、本·卡斯诺查合著，车百万译，RH Korea，2012

《热情为何成为劳动》,韩允亨、崔太燮、金正根合著,熊津知识书屋,2011

《我们为什么要忍受这样的时间》,姜受石等合著,劳动时间中心企划,柯南书屋,2015

《许愿灯:新中国的年轻人》,阿修(Alec Ash)著,朴汝真译,The Quest,2018

《我们赞成差别对待》,吴灿浩著,盖马高原,2013

《阴谋论时代》,全相镇著,文学与知性社,2014

《宜家世代,他们的反击开始了》,全英秀著,中央books,2013

《人的条件》,韩承泰著,时代之窗,2013

《人才需要自由》,奥利·洛贝尔著,金炳顺译,微笑出版社,2014

《日佳的思想》,朴嘉芬著,五月之春,2013

《工作不优秀者联盟》,金钟洙等合著,RH Korea,2015

《齐格蒙德·鲍曼:我眼中的消费社会与教育》,齐格蒙特·鲍曼、里卡多·马泽奥合著,罗玄英译,玄岩社,2016

《世界上最大的经济骗局,世代战争》,朴钟勋著,21世纪books,2013

《进击的大学》,吴灿浩著,文学村,2015

《思想者》,查尔斯·汉迪著,姜慧晶译,eiji21,2008

《青年啊青年啊我们的青年啊》,李基勋著,石枕,2014

《呵呵呵》,张周元著,边炳俊绘,文学世界史,2014

《大象与跳蚤》,查尔斯·汉迪著,李钟仁译,思考之树,2005

《风云人物蔡贤国》,金周完著,人物力量,2015

《职业杠精日记》,魏根雨著,hanul,2018

《自由职业时代即将到来》,李恩智、全民宇合著,trustbooks,2018

《平台即内容》(*Streaming,Sharing,Stealing*),迈克尔·史密斯、拉呼尔·特朗合著,林在完、金炯镇译,赵大坤校对,icon,2018

《下流社会》,三浦展著,李华成译,播种者,2006

《Gamification& 社交游戏》,约翰·拉多夫著,朴基成译,icon,2011

《VOC 3.0+》,VOC 经营研究会著,韩国效率协会传媒,2013

《18 世界》,金成润著,Book In The Gap,2014

《2015 年 20～30 岁人群动态报告》,《大学明天》20～30 岁人群研究所著,弘益出版社,2014

《2016 年上半年 20～30 岁人群动态报告》,《大学明天》20～30 岁人群研究所著,《大学明天》,2015

《2017 年 20～30 岁人群动态报告》,《大学明天》20～30 岁人群研究所著,《大学明天》,2016

《2018 年 20～30 岁人群动态报告》,《大学明天》20～30 岁人群研究所著,《大学明天》,2017

《20～30 岁人群背弃你们品牌的理由》,《大学明天》20～30 岁人群研究所著,Hadabook,2013

《读懂 20～30 岁人群,才能跟上潮流》,《大学明天》20～30 岁人群研究所著,Hadabook,2012

《20～30 岁人群特性》,郑成浩著,生活出版,2006

《88 万韩元世代》,于石勋、朴权一合著,Redian,2007

《i 世代报告》,杰恩·特文奇著,金贤正译,《每日经济》,2018

《何谓"世代"?》,乌尔里克·尤赖特、米夏尔·比尔特合著,韩德性别文化研究会译,Hanul 学院,2014

图书在版编目（CIP）数据

90后来了：正在成为中坚力量的一代 /（韩）林洪泽著；叶蕾蕾译 . —北京：中国友谊出版公司，2021.6
　　ISBN 978-7-5057-5204-7

Ⅰ . ① 9… Ⅱ . ①林… ②叶… Ⅲ . ①社会生活—研究—韩国 Ⅳ . ① D731.268

中国版本图书馆 CIP 数据核字（2021）第 067929 号

著作权合同登记号　图字：01-2021-2574

90 년생이 온다 (People born in the 90s are coming)
Copyright © 2018 by 임홍택 (LIM, HONGTEK, 林洪泽)
All rights reserved.
First published in Korea in 2018 Whalebooks
Simplified Chinese translation Copyright ©2021 by BEIJING XIRON BOOKS CO., LTD
Simplified Chinese language edition is arranged with Whalebooks
through Eric Yang Agency

书名	90后来了：正在成为中坚力量的一代
作者	〔韩〕林洪泽
译者	叶蕾蕾
出版	中国友谊出版公司
发行	中国友谊出版公司
经销	新华书店
印刷	三河市冀华印务有限公司
规格	880×1230 毫米　32 开 8.75 印张　172 千字
版次	2021 年 7 月第 1 版
印次	2021 年 7 月第 1 次印刷
书号	ISBN 978-7-5057-5204-7
定价	48.00 元
地址	北京市朝阳区西坝河南里 17 号楼
邮编	100028
电话	（010）64678009

如发现图书质量问题，可联系调换。质量投诉电话：010-82069336